あなたは正しい、私は間違っている これは、健康でロマンチックな関係が偶然に起こらないからです。

You’re right, I’m wrong

Because a healthy partnership full of love does not come by chance

あなたのパートナーを幸せにすることについて手がかりがないのですか、それとも彼らが何を考えているのか疑問に思っていますか?なぜ彼らはあなたが考えるところまで、それらの小さなことにそんなに怒っているのか分かりません，私があなたを幸せにする方法はありません.. だからなぜ試してみるのですか?

ここでは簡単なテストです:あなたはパートナーを怒らせ、彼らは寝室に入り、ドアに鍵をかけます。あなたは何をすべきですか?
A. 落ち着くために彼らを一人にしてくださいまたは
B. ドアをノックして謝る。

A を選択した場合は、この本を入手してください。

答えはB.ドアをノックして謝る。しかし、あなたは間違っていません! あなたが正しいと確信しているとき、なぜあなたは謝るのですか? 答えは簡単です: パートナーと同じページにいないことをお謝罪しています。謝らなければ、自分の家で悲惨な生活を送るでしょう。あなたが謝るならば、あなたとあなたのパートナーは再び話すことができます。より幸せな生活とサポートを再理解し、前進する。この本は楽しく幸せな生活を送ることのすべてです。
あなたは幸福のためのあなたの4つのニーズを発見するでしょう。また、パートナーの幸せに対する4つのニーズについても学びます。あなたは4つの間違いを通して関係がどのように悪くなったかについて学ぶでしょう,あなたのパートナーが通過する4つの段階,そしてあなたが教えられたことがない4つのレッスン。そして、あなたの目が開いた後,健全な関係に不可欠な4つの柱を修復するための16の毎日のツールの準備ができています。

この本のアドバイスと洞察は、独身者が友人を幸せに保つ方法で新しい関係に近づくのに役立ちます。邪魔になるすべての愚かなゲームをスキップする時がたたではありませんか? 現在の関係が改善を利用できると感じたり、新しいスタートを切ったりするかどうかにかかわらず、この本は関係へのアプローチを修正するために設計されました。

あなたは正しい、私は間違っている

この本は素晴らしいパートナーシップを結ぶことです。それはあなたの関係にユニークなアプローチを取ります。パート1は、あなたのパートナーシップがどのように悪化したかを理解するのを助けることから始めます。これは、一歩下がって、あなたのパートナーシップの類似点と接続することができます。目標は、あなたが知らないうちに問題を解決する道を歩むことができるように、あなたが知らないうちに問題を作成した方法を理解するのを助けることを目的としています。

パート2は、あなたのパートナーシップが悪くなった理由を理解するのに役立ちます。これは、切断の原因を見始めるところです。あなたは、彼らがあなたのパートナーにどのような影響を与えるかに光を当て、新しい方法であなたの行動を見始めるでしょう。パートナーシップの修正の途中で、どのように、なぜ理解したら。

パート 3 は、リレーションシップをリセットする方法なので、最も重要です。パートナーシップを修正するためのステップ バイ ステップのアプローチと、そのために必要な 16 個のツールがあります。本を読むとき、あなたはパートナーシップで何を修復する必要があるか、そしてもっと重要なのは、どのツールがそれを修正するのかを理解するでしょう。

この本を読んだ後， ワークブックをダウンロードすることを強くお勧めします。さらに16個のツールに加えて、複雑な”手荷物”アイテムに関するボーナスチャプターを入手できます。これはマスターのクラスです。

この本は、すべての性別とパートナーシップに適用するために慎重に書かれました。画像以外の本は性別に固有のものではありません。本を読むとき、あなたは本の中で果たしている役割を見るでしょう。あなたは、あなたが問題だとさえ知らなかったあなたのパートナーシップに影響を与える日々の問題について学びます。この本の後半では、それがどのように結び付き、さらに重要なことに、各パートナーが健全なパートナーシップのために互いに依存しているかを見ることができます。

・　カリフォルニア州のロサンゼルスでアートとリビングが出版
www.artandliving.com
アメリカ合衆国で印刷

献身と感謝

まず、この本を完成させ、それを訂正するために、私の後ろの人々に私の愛を表現したいと思います。

私の男の友人に: 私は私が共有することができたあなたの物語や経験に感謝したいと思います—ジムフェリス, ジョンパティソン, レオンジョニーハリス, ロンバークハート, マイケル・トッド.

その本に対する視点を与えた偉大な家族や友人ため—ありがとうございました! ジョアニーフェア, ケーシーフィッシャー, レインハグストローム, アーロンイアンネロ, ドナマッキャンpsyd, デビッドファイファー, アイリーンネイ.

内容

著者について 11

アーティストについて 13

パート1: どのように、なぜここに来たのか 15

第1章: 本物を手に入れよう 17

第2章: 4つの間違いー 4つのソリューション 23
間違い 1: あなたのパートナーを無視または無視 27
間違い2: 資格の態度 35
間違い3: 誤った期待を設定する 39
間違い4: 嘘をつき、秘密を守る 45

第3章: 関係の衰退の4つの段階 49
ステージ 1: 調整 55
ステージ2: 利己主義 57
ステージ 3: 無礼 59
ステージ 4: 非互換性 61

パート2: 必要な関係の基礎 63
第4章 幸せな関係のための4つのスキル 65
スキル1 質問する 69
スキル2 良い選択をする 71
スキル 3:妥協 73
スキル4 コミュニケーション 75

第5章: あなたの幸せになる必要がある 79
必要 1: 私が好きなもの 83
必要2 嫌いなもの 87
必要な3:私が吸うもの 91
必要な4: 私が嫌いなもの 95

第6章:あなたのパートナーが幸せになる必要がある 99
必要/柱1:バランス 103
必要性/柱2平等 107
必要/柱3:セキュリティ 111
必要/柱 4:信託 115

パート3:パートナーシップを取り戻すためにリセットする 119
第7章:関係のバランスのための毎日のツール 121
友情のバランスをとる習慣の管理 129
趣味やスポーツをチェックする 135
作業のバランスをとる 141

第 8 章:関係の平等のための毎日のツール 147
引数の削減 149
橋渡しの信念 155
感謝の気持ちを示す 161
責任の共有 167

第9章関係のセキュリティのための毎日のツール 173
愛された気持ち 175
殺害ストレス 181
テイミングテンパー 187
体重の管理 193

第 10 章:リレーションシップの信頼関係のための毎日のツール199
境界を維持する 201
ライフスタイルを生きる 207
二度目の推測をやめる 213
白い嘘を警戒する 219

究極の解決策:あなたは正しい私は間違っている 225
ボーナス 228

著者について

ジェフマリネリ...

ジェフマリネリは、より良いパートナーシップを築くために取り組んでいる人に、ホープ、出版社、慈善家、起業家、親友を持つ作家です。彼は心理学者ではないことをあなたに最初に言います。彼は個人的および専門的な設定で深い経験から学び、今ではあなたは正しい、私は間違っているっているでその洞察を共有しています。アート・アンド・リビング・マガジンの創設者/出版社として、ジェフは2005年以来、人生を豊かにする観客とクリエイターをつなぎました。芸術と生活慈善財団の創設者として、ジェフは魅力的な経験を通して学生を芸術に近づけます。CEOのパートナーとして、ジェフは企業生活の高いストレスを生き、パートナーシップをテストし、より強く出てくる方法を知っていることを示しました。

アーティストについて

ゴンサロ・デュランはアンジェレノのアーティストで、国際的なフォローをしています。メキシコ生まれの彼は、子供の頃にアメリカに移住し、東アメリカで育った後、オーティス美術研究所とシュイナード美術学校に通いました。彼は北アメリカと中央アメリカのマルク・シャガールと呼ばれています。彼の華麗な、時には驚くべきパレットは、彼の無限の想像力を補完します。彼はカリフォルニア州ヴェネツィア出身の妻チェリ・パンとモザイクタイルハウスを経営しています。

ゴンサロは、この本に書かれているものを生きているので、この本に最適なアーティストでした。彼が知っているように、彼のパートナーが幸せであれば、彼は幸せです。ゴンサロは作品を通して本の視覚的な物語を語り、彼の作品は読者への贈り物です。

どうしてそんなに悪くなったの？

パート1:
どのように、なぜここに来たのか

本当のことを取りましょう

第1章:
本物を手に入れよう

あなたを幸せにするのはパートナーの仕事ではありません。幸せは内面的な仕事です。

あなたは素晴らしいパートナーですよね?もちろん、あなたはです。では、なぜあなたはこの本が必要なのですか?

正直に言いましょう。あなたはできる限り偉大なパートナーですか?それとも、あなたのパートナーが何を幸せにするのか、彼らが何を考えているのか、なぜ彼らはあなたに小さなことが好きに見えるものにそんなに怒るのかについて少し手がかりがなっていましたか?あなたが今始めたおとぎ話の人生は、困難で複雑で、無限の、ありがたい仕事のように感じますか?

現実には、私たちのほとんどは、私たちのパートナーを幸せにするものについての多くのアイデアなしで私たちのパートナーシップに入ったということです。偉大な人生を提供するために一生懸命働けば、パートナーはどうして不幸になれるのだろうと思っただけです。しかし、時には、あなたのパートナーが今までに満足する方法が地獄に存在しないような気がします。

結局のところ、ほとんどの人は一緒に幸せになりたいだけです。彼らは互換性と交際を信じたいと思っています。彼らは、単純な、仕事のハードとハードな方法で楽しみを持っていると思います。

この本は、すべての余分ながらくたなしであなたのパートナーとその素晴らしい人生を得ることについてです。それはあなたのパートナーが恋に落ちた人になる方法を思い出すということですので、あなたのパートナーはその気持ちをもう一度経験することができます。

これを行うには、まず関係が何を機能させるのかを理解する必要があります。この本は、強くつながった、楽しさと正直で共有し、そしてもちろん愛に満ちた、あらゆる最善の方法で素晴らしいパートナーシップを持つことができるように、その地雷原を安全に歩いて行きます。

この本は、あなたのニーズを満たすパートナーに値する人になるのに役立ちます。パートナーとの絆を失った場合は、この本が必要です。あなたのパートナーシップが良い場所にない場合、またはそれがそれほど良いかもしれないと知っているなら、あなたはこの本が必要です。

あなたのパートナーと毎日、多くの可動部分があります。彼らがどのように対処されているかが鍵です。あなたのパートナーシップは通常の日に沿ってハムしますが、通常ではない日や予期せぬ問題が発生したときはどうですか?

パートナーを目の当たりにする重要な要素を見つけ出すので、落とし穴やトラブルスポットを認識できます。あなたがそれらを見るとき、あなたはストレスに反応するのではなく、注意と愛で応答することができます。この本は、問題を解決し、パートナーと効果的にコミュニケーションを取るための正しい選択をする方法を説明します。それは複雑ですが、不可能ではありません。その方法と理由を紹介します。

私はよくカップルが言うのを聞きます,“ああ、私たちはあちこちで少し議論しますが、カップルは何をしませんか?この本はどうやって私を助けることができるでしょうか?” あなたがそれを読むにつれて、あなたは理解するでしょう。

あなたの人生の愛のない人生は人生ではありません。

何が機能するかを練習することを覚えておく

私は心理学者ではありません。私は長年にわたる実践的な人生経験を通じて、強力なパートナーシップを築く方法を学んだ人です。私はそれが役に立つと思った友人とこの簡単なアドバイスを共有しました。今、私はあなたとそれを共有しています。

この本は理論的なものではありません。それは実際の生活から取られた日常的な例と実用的で簡単に読まれています。これは、誰もが軌道に乗って関係を取り戻すために旅できる道です。この本に記載されている多くの経験は、あなたがすでに知っていることを思い出させるものですが、実践するのを忘れています。または、何らかの理由で手の届かないところに落ちたことを、あなたの一部で知っていることを思い出させます。

人類学者のローレン・アイズリーが語った次の話を聞いたことがあるかもしれません。それは私がこの本を書いた理由のための完璧なたとえです:

ある朝早く、大きな嵐が過ぎた後、老人が海岸を歩いていて、見渡す限り両方向に伸びるヒトデが散らばっている広大なビーチを見つけました。遠くに離れて、老人は小さな男の子が近づいてくるのに気づいた。少年がビーチに沿って歩いているとき、彼は頻繁に一時停止し、それを海に投げ込む物体を拾うために身をかがめました。少年が近づくと、男は”おはようございます!あなたが何をしているのか聞いてもいいですか?”

少年は顔を上げて、”ヒトデを海に投げ込んだ。潮が彼らをビーチに打ち上げ、彼らは一人で海に戻ることができません。太陽が高くなると、私が太陽を捨てない限り、彼らは死んでしまいます。”

老人は答えました,“しかし、このビーチにヒトデの数万人がいる必要があります.残念ながら、あなたは大きな違いを生み出す必要はありません。”

少年は身をかがめ、さらに別のヒトデを拾い上げ、できるだけ海に投げ込んだ。それから彼は振り向き、微笑み、”それはそれに違いをもたらしました!”

あなたは力を持っている

あなたは正しいです、私は間違っている、あなたが関係の修復でリードする力を持っているという考えから始まります。はい、関係は2つかかりますが、一人の人の行動の肯定的な力はすべての違いを生み出すことができます。関係の問題を相手のせいにするのは簡単すぎます。あなたが物事を軌道に乗せるために気づくよりも多くの力を持っているときに、後ろに座って彼らが変わるのを待つのは簡単すぎます。

あなたが関係の岩であるという信念から始めます。私自身の人生では”幸せな妻、幸せな人生”という賢明な格言に従います。私はCEOを務め、結果を求める女性と結婚しています。彼女は仕事でも家庭でも、彼女の期待について正確です。私は彼女のニーズが最初に満たされていることを確認する方法を学び、習得しました。それでは、私の仕事、趣味、そしてこの本に焦点を当てることは、私たちの関係を心配することなく、私はできますか?私は私の人生の仕事は、私の妻がストレスを感じないようにすることです。しかし、私は彼女がストレスを感じていないとき、私もそうではないことを保証します。

これを読む際には、心を開いてください。あなたに関係するものに焦点を当てます。アイデアを実践する。あなたは関係が良い方向に変わるのを見るでしょう。

この本は、確立された関係の人々のためだけではありません。それは独身者が友人を幸せに保つ方法で新しい関係に近づくのを助けることができます。邪魔になるすべての愚かなゲームをスキップする時がたたではありませんか?現在の関係が改善を利用できると感じたり、新しいスタートを切ったりするかどうかにかかわらず、この本は関係へのアプローチを修正するために設計されました。あなたはあなたのパートナーとの最高の人生でショットに値しませんか?

四
間違い
ONE TWO THREE & FOUR
1.
軽視とか無視
2.
権利を与えられた感じ
3.
誤った期待
4.
嘘と秘密
Gonzalo

第2章:
4つの間違いー 4つのソリューション

1つの大きな打撃のために関係は失敗しません。私たちが注意を払っていないときに、彼らは毎日少しやりました。私は、日に日に、大したことのように思えるかもしれない4つの間違いを特定しました。しかし、時間の経過とともに被害が積み重なり、パートナーシップを荒廃させる可能性があります。

深く掘り下げ始める前に、各間違いの概要を次に示します:

1. あなたのパートナーを無視し、無視する

これは、ほとんどの人が認識しているか、認めるのが好きよりも頻繁に起こります。あなたのパートナーを無視することは、パートナーが交際、コミュニケーション、親密さ、愛、そしてあなたの存在を必要としていることを何気なく忘れて、危険になるまで微妙に始まります。

それはどのようなものですか?あなたは長い日と週末に働いていて、あなたのパートナーは”夕食に行きましょう”と言います。あなたは疲れ果ててリラックスしたいと言います。その後、あなたの友人が電話をかけ、彼らはゲームへの2枚のチケットを持っていると言います。あなたはリラックスする必要があるとパートナーに伝えるので、あなたはゲームに行くつもりです。これは、あなたのパートナーがあなたと一緒にいる必要性を無視しているあなたです。

2. 権利の態度

特別な扱いを受ける権利があるか、特定の責任から免除されていると感じますか?ルールはあなた以外のすべての人に適用されますか?権利の態度は、一部の地域では競争上の優位性かもしれませんが、パートナーとの強い絆を殺す可能性があります。

それはどのようなものですか? あなたのパートナーは、食料品を拾い、夕食を作り、皿を掃除し、ゴミを取り出すことを求めます。しかし、あなたは忘れます。あなたは他にもやるべきことがあります。あなたは忙しいです(テレビを見て、走に行く、友達と話す、あなたのソーシャルメディアのフィードをチェックする)。他の誰かがそれを行うことはできませんか?それが権利です。これが本当の問題である理由を見ることができますか?

3. 誤った期待を設定する

その後、期待を立てれば、パートナーは不満を感じ、忘れ去られるだけです。それはあなたが本当に何をしようとしているか、関係にあるかについて自分自身に嘘をつく方法です。あなたが一貫して信頼できない場合、なぜあなたのパートナーはあなたが言うことを信頼する必要がありますか?

それはどのようなものですか? あなたは”1時間後に家に帰ります”と言い、3時間後に現れます。言い訳(そして私たちはあなたが持っていることを知っている)が合法であろうと不自由であろうと、あなたはまだ期待を設定し、それを壊しました。それとも、”今週末は子供の部屋にペンキを塗ります”と言うと、6ヶ月後、ペイント缶はまだガレージに座っています。これはパートナーシップではありません。あなたは悪いルームメイトに変わっています。

4. 嘘をついて秘密を守る

白い嘘と小さな秘密は健全な関係に毒です。なぜ彼らはあなたのパートナーとそんなに大きな問題なのですか?あなたのパートナーがあなたを信じているからです。彼らはあなたが完全に正直で、すべてを共有する必要がある唯一のものでなければなりません。(多くの州では、パートナーに対して証言することは自由なので、裁判所でさえそう考えています。それは疑いと恐怖をあおる疑いのくさびを開くので、嘘と秘密は大きな問題です。あなたは他にいくつの嘘や秘密を守っていますか?彼らは積み重なり、危機につながっているのですか?この心配の中心にあるのは、愛する人がもう知らない人に変わったというパートナーの恐怖です。

それはどのようなものですか? 家族はあなたにお金を要求し続け、あなたとあなたのパートナーは、あなたが彼に何も与える余裕がないに同意します。その後、ある日電話がかかってきて、家族が最後にあなたを殴るだけです。それはあまりお金ではないので、大したことないでしょ?あなたは屈するが、あなたはあなたのパートナーに言わない。数週間が過すると、あなたのパートナーが見つけ出し、彼らはそれを失います。
それでは、これら4つの間違いの真の複雑さと影響、そしてそれらがあなたのパートナーシップにどのような影響を与えるかを見てみましょう。これはパートナーシップのジェットコースターであり、これらの間違いがそのようなハードドロップを引き起こす理由がわかります。

相手を軽視とか無視する。
家事
私のものではない
私は仕事で忙しくいると、私の必要性は会いたくない。
あなたはそれをして
あなたは私を愛していますか。
Gonzalo

間違い 1:
あなたのパートナーを無視または無視

パートナーが無視されていると感じるとき、彼らのニーズは満たされていません。あなたのパートナーが常に感謝され、必要と感じたら、それは素晴らしいことだと思いませんか?彼らは人生であなたを世話するので、私は”必要”という意味はありません。あなたが彼らのためにそこにいるので、私は必要と意味します。パートナーは、あなたが自分に夢中で、必要とされるだけでなく、欲しいと感じていることを知っています。あなたの人生が彼らの周りを回っていると感じるパートナーは、決して無視されたと感じることはありません。言い換えれば、あなたのパートナーは愛され、感謝されていると感じ、あなたは彼らのためにあなたのケアとサポートを示します。

家族、友人、健康、趣味、スポーツ、子供、仕事など、日常生活の中で非常に多くの問題があります。一方のパートナーに任せて管理すると、それらの活動にかかる時間と注意は、他のパートナーが無視されていると感じることがあります。しかし、間違いなく:無視は、あなたがあまりにも多くを引き受けているか、少なすぎるかどうか、あなたが行う選択から来ています。最終的な結果は、あなたの時間であり、注意はあなたのパートナーとバランスのとれた方法で共有されていません。その後、あなたの時間は、あなたのパートナーが気にするものに対処するよりも重要であると思うように見えます。彼らはあなたの優先順位を理解していません。あなたは彼らのことを理解していない。あなたは自分自身が考えているのを聞いたことがありますか、なぜそんなに大きな問題なのですか?なぜ彼らはそれを扱えることができないのですか?この姿勢は無視のトーンを設定します。

無視は関係の中で忍び寄るかもしれませんが、それはあなたが毎日行う選択から来ています。あなたがそれらの選択をした場合、それはもう一度考える時間です。

ネグレクトはどのように見えますか?

家族に関しては、あなたの家族の味方を相手の意見の相違に引き継ぐのですか?休日やイベントに関しては、あなたの家族を満足させるために、彼らがしたくないことをするためにあなたのパートナーをプッシュしますか?あなたはしばしば家族の問題をめぐってパートナーと対立していて、あなたのパートナーがそれを本来よりも難しくしていると思いますか?パートナーよりも家族と過ごす時間が多いですか?あなたがそうするならば、これは無視です。

友達はいかがですか?パートナーに関する情報は、友人と必要以上に多くの情報を共有していますか?あなたの友人はあなたのパートナーが望む以上に過ごしていますか?あなたの友人が必要な時にあなたの行き先だと感じますか?あなたのパートナーは、あなたの友人とあまりにも多くの時間を過ごしていると非難していますか?これらのいずれかが該当する場合、これは無視です。

趣味、ビデオゲーム、ファンタジーフットボール、スポーツに関しては、パートナーに"もう少し時間が必要です"と言うのでしょうか?あなたのパートナーがこれらの活動に参加している場合は素晴らしいことですが、そうでないパートナーはどうですか?あなたの自由な時間はすべてこれらの活動に結びついていますか?日曜日の朝、パートナーのコーヒーや朝食を食べますか?それとも、昨日のスコアと今日のスケジュールを超えて行くあなたのお気に入りのスポーツチャンネルを見てテレビの前にいますか?あなたは、あなたの好きなチームのすべての統計を知っているが、あなたのパートナーの誕生日や記念日を忘れていますか?これは無視です。

あなたが子供を持っている場合、あなたはあなたの公平な分け前をしますか?同じ親がいつも学校で子供たちを降ろす回数は驚くべきことです。あなたは、この時代に、ケア与えることは50/50だと思うでしょうが、ああ、いいえ!音楽練習、サッカーの試合、水泳ミーティング、宿題など、放課後の活動に参加できますか?これらの活動をどのようにランク付けしますか?あなたは出席していますか、それともMIAですか?パートナーが常にすべてをカバーしていると自動的に仮定した場合は、パートナーを無視しています。

パートナーのために立ち止まって、パートナーが問題を抱えているときに話をさせるのですか?これには、忙しいスケジュールから時間を取り、パートナーのためにすべてを保留にする必要があります。あなたは忙しすぎると信じていますか、そして、彼らが言うことが重要な何かを持っていない限り、それはあなたの時間の無駄ですか?これがあなたの気持ちなら、あなたはあなたのパートナーを無視しています。

仕事に関しては、働きすぎですか?仕事と家庭生活の境界を設定する問題はありますか?仕事のせいでパートナーの誕生日ディナーを払いのけたことがある?これは無視です。

あなたがパートナーと一緒に家にいるとき、彼らは広く目を覚まし、すぐに行くのではなく、疲れ果てたあなたを得ますか?週末はリラックスするダウンタイムだと感じていますか?あなたのパートナーが唯一の残り物を得ているかどうかを自分自身に尋ねます。その場合、パートナーは無視されていると感じることができます。

依存症やうつ病のような問題がありますか、それとも過去のトラウマに苦しんでいますか?あなたは良い日と悪い日を持っており、忙しい仕事の週とファンタジーフットボールやあなたの趣味に費やす時間の数を追加し、あなたはあなたのパートナーのために多くの質の高い時間を残していません。あなたのエネルギーに対する要求に満ちている場合は、パートナーを無視することになります。

あなたのパートナーはいつも怒っているのを見つけますか?たぶん、あなたのパートナーは、彼らが以前と同じようにあなたの忙しいスケジュールにロマンスや親密さを絞り込みたくありません。あなたが罰せられ、その理由を理解できないような気がしますか?パートナーの何が悪いのか疑問に思っている場合は、無視してください。

忙しくなり、パートナーを無視してしまうのは簡単です。あなたが注意を払っていたら、あなたのパートナーが無視され、大声で明確に無視されていると感じる兆候を得ていたでしょう。”携帯電話をテーブルに持ち込まないで” “ノートパソコンを寝るな”寝る時間だよ-テレビを消してください”今夜は早く帰って来てください、私たちの記念日です”や”もっと手伝ってください”と聞いたことがありますか?聞くのは簡単ではありません。他のことに気を取られ、忙しいままでいるのは簡単です。しばらくすると、あなたのパートナーは尋ねるのをやめるだけです。

私はほとんどのパートナーが合理的であると信じなければいまなければいま、彼らはあなたが認めたいと思うよりもはるかに多くの緯度を与えます。しかし、率直に言って、ほとんどの場合、あなたはとても忙しくなります、あなたはボールを落とし、パートナーの要求をブロックし、言い訳をする方法について手がかりがなくなります。

あなたのパートナーがいつもそんなに怒っているように見える理由を疑問に思ったことはありますか?それは彼らが十分に持っているからです。

彼らがそれを失ったときだけ、あなたはあなたのパートナーのために減速し、いくつかのケアでキックします。危機が終わったら、あなたは同じ悪い習慣に戻ります。では、あなたはどんなパートナーですか?アクティブパートナーまたはパッシブパートナーですか?パートナーの感情的なニーズを満たし、出席していますか?どのくらいの頻度で仕事から家に帰り、ソファに乗り、テレビをつけて、ゾーンアウトしますか?それとも、家に帰って、あなたのパートナーが必要なものを世話していますか?

あなたのパートナーが、あなたが彼らに夢中だと思い、愛し、彼らが素晴らしいと思い、それらを必要とするのは当然です。それは人間の性質です。あなたのパートナーはあなたに彼らの人生全体を賭けます。あなたは彼らの選択でした。だから、あなたは彼らが正しい選択をしたことを示す方法であなたのパートナーの世話をしますか?

これらの間違いが長い間続いてきた場合、彼らは1つまたはすべての関係の衰退の4つの段階を引き起こしました。これらのステージについては、次の章で学習します。これらのステージは、パートナーを初めて会った相手から、パートナーになりなくなった人に変更することができます。あなたが無視し、あなたのパートナーを無視すればするほど、彼らは彼らの感情を保護するためにより多くの変化します。私はあなたが問題の根本にあると言う理由です。目を開けたら、物事を正しくするために選択を変更するか、いつか目を覚まし、パートナーと呼ぶ人を認識することさえできないかもしれません。

行動を起こす:存在する

どのように無視の流れを逆転させるのですか?小さなことに目を向け、毎日それを行います。

あなたのパートナーのコーヒーを持って来て朝を開始します。彼らはワインのグラスでドアでそれらを挨拶することによって家に帰るとき、あなたのパートナーのために悪い一日を作るか、より良いまだ、夕食の準備をしています。あなたは人々が犬を愛する理由を知っていますか?あなたが家に帰ると、彼らは通常、キスであなたを見て幸せ、彼らの尾を振って、あなたを迎えるからです。あなたは私の主張を得ますか?あなたが家にいるとき、婚約してください!

コンピュータ、電話、テキストメッセージはありません。あなたのパートナーにもっと頻繁に彼らを逃す伝えてください。彼らと質の高い時間を過ごし、料理を手伝い、蜂蜜リストを作成し、子供たちの宿題を手伝い、一緒にテレビの時間を過ごしてください。これは、彼らが見たいことを見るためにリモコンを引き渡すことを意味します。1対1の会話に落ち着いて参加してください。1日10分でくつろいでくつろぐ日について話し合いましょう。

あなたのパートナーが愛され、接地され、接続されていると感じるのに役立つ10分間のツールについては、

www.あなたは正しい私は間違っている.jp

解決策:バランスのとれたパートナーシップ
あなたの人生において、両パートナーは共通の責任を負い、お互いを支え合う特権を持っています。　多くの人がビジネスでチームワークを学び、それらのスキルを自宅で応用することができます。

愛情のある関係では、サポートは、あなた自身のストレスに対処しながら、あなたのパートナーの人生の感情的な重みを負う必要があります。美しいことは、愛、愛情、理解が往復されたときに成功のために関係が設定されているということです。会話では、接続が来ます。その代わりに、あなたのパートナーは正気を保ち、あなたとより有意義な絆を結び、その代わりにあなたのニーズに対応するための仕事をします。あなたが努力するとき、あなたのパートナーはあなたが彼らの背中を持っていることを確信しています。それはパートナーシップです。それは、単に取るだけでなく、与え、取ることについてです。パートナーのプレッシャーやお祝いを分かち合うと、親密さが生じます。バランスの取れた生活に近づくでしょう。

それはあなたのスケジュールのためにファンタジーフットボールを行うることができないことを意味する場合、または子供のためのミルクを得るために朝7時に使い果たさなければならない場合、またはあなたのパートナーがあなたを必要とするので、早く仕事を離れる必要があります。目標は、バランスの取れたパートナーシップを作成することです。

権利を与えられた
私は一日中働きます。
それはあなたの仕事です
夕食は出来上がりです。
私は地帯で出るため権利があります。
ハニービールをお願いします。

間違い2:
資格の態度

平等の定義は、特に地位、権利、機会において平等である状態です。だから問題は:あなたのパートナーシップに権利の感覚を持っていますか?あなたのパートナーよりも多くのお金を稼ぐ場合、あなたはそれがあなたがそれらを与えるよりも良い治療を受ける必要があると思いますか?あなたは一生懸命働くと思いますか、あなたのパートナーよりも多くの休憩が必要ですか?彼らはあなたの世話をするために、別のフルタイムの仕事に家に帰る必要がありますか?

あなたのパートナーがあなたが愛し、一生懸命働くすべての偉大なことを世話し、あなたが同じことをしないならば、あなたはあなたのパートナーを当然のことと思っているでしょう。しかし、誰があなたのパートナーのために平等に気遣うことから無料パスを与えましたか?

あなたのパートナーシップの標準を主張することは、どちらかが取ることができる以上に起こっていますか?その場合は、引数が何であるかを深く掘り下げる必要があります。それはあまりにも多くのお金を費やすことについてですか?それとも、あなたは決して家にいませんか?それとも、あなたは十分に助けることはありませんか?実際には、仕事のスケジュールだけでなく、パートナーの仕事も見る必要があります。あなたのパートナーが長い一週間働いている場合は、ホームアクティビティについてもっと詳しく知る必要があります。長時間勤務している場合は、パートナーも同じことをする必要があります。あなたのパートナーがキラーウィークを持っていて、雑用や家事のほとんどをやって家に帰ってきたら、それは公平ではありません。これは権利であり、問題であり、停止する必要があります。

あなたが家族の中で稼ぎ手だとします。素晴らしい。本当の問題は、あなたのパートナーを尊重していますか?あなたは、すべての主要な決定は、あなたによって、またはパートナーシップとして一緒に行われていると思いますか?あなたがすべての決定を下すならば、この中の平等はどこにありますか?それはどのように公平ですか?どうしてなの?重要な決断を下すべきだと1分間考えると、怒りに満ちたパートナーになってしまうでしょう。

これがあなたの状況であり、あなたのパートナーがそれで大丈夫だと思うなら、私はあなたのためにニュースを持っています。あなたは自分自身をだましている。すべてのパートナーは、聞かれ、尊重される必要があります。これは、あなたがどれほど強力であるか、またはあなたがどれだけのお金を稼ぐかについてではありません。彼らは単に気にしません。家では、あなたはただのパートナーです。彼らは本当のあなたを知っています。それを正しくし、平等なパートナーシップを持っていることを確認してください。

あなたのパートナーがあなたと同じように一生懸命働いている状況について何が公平ですが、あなたはまだその権利カードをしっかりと把握していますか?50/50のパートナーシップはどこにありますか?それは取引が悪くなったように聞こえます。

あなたは同時にあなたの脳の中で何十ものことが起こっているかもしれません。仕事、週末の計画、サッカー、ゴルフ、家族のプレッシャーなどです。あなたはとても忙しいので、プレイヤーの統計を見る機会を得る唯一の時間は、あなたがジョンにいるときです。あなたは仕事から家に帰り、あなたがしたいのは寒さことだけです。あなたはテレビの前で落ち着き、パートナーにビールを持ってきてもらい、彼らが存在することに気づかずにあなたのダウンタイムを受ける権利を感じます。ほんとですか?

行動を起こす: 公平である

次に家に帰ったら、最初にするべきことは、パートナーを見つけてキスし、素敵なことを言う習慣にしてください。私たちは皆、良い日と悪い日を持っています。あなたのパートナーの一日がどのように過ぎたかを注意を払うことを習慣にしてください。彼らが悪い一日を過ごしたと思うなら、より高いレベルのケアに蹴り込みます。あなたが夕食や料理の世話をしている間、あなたのパートナーをソファに横たわらせてください。

良い日を利用して、料理、掃除、洗濯、食料品の買い物など、あらゆるものを完全にコントロールできます。これらのタスクの実行方法がわからない場合は、YouTube　で確認してください。私はあなたを信じています!知的な人が”食器洗い機や掃除機の使い方が分からない”と言いながら、他のすべてについて多くのことを知っていると主張すると、私はぼんやりしています。お金はあなたのパートナーの心の鍵ではありません。ピッチングとピックアップです。

解決: 平等なパートナーシップ

それは平等なパートナーシップである必要があります。平等は、パートナーシップのあらゆる面で平等であるとは言えません。可能じゃありません。あなたは特定のユニークなスキルセットを持っており、あなたのパートナーは彼らのスキルを持っています。これを認め、個々のスキルセットに基づいて誰が何をするかに同意すると、それは平等なパートナーシップです。目標は一緒に来るです。

あなたのパートナーが財政や税金が得意なら、それは彼らの仕事です。あなたが家の周りの詳細に気づいたのが得意なら、それをあなたの仕事にしてください。しかし、それを公平にしてください。あなたの仕事が1時間かかっていて、彼らの仕事が5時間かかる場合は、それを等しくするために他のタスクを蹴る必要があります。

家事、財政、子供たち、そして二人が生きるのに必要なすべての活動を行います。目の前の活動に適したパートナーを決定し、公正である。時間に基づいてタスクを分割します。お二人が同意することを確認してください。スキルセットに基づいてタスクを分割し、計画に固執します。あなたは活動を行い、パートナーは彼らの活動をします。あなたの責任をスキップし、あなたのパートナーがすべてのタスクを処理することを期待する場合、あなたのパートナーは、国内ストライキに行く権利を持っています。それは取るのをやめて、より多くを与える時間です。

あなたが仕事に夢中になって、今後数ヶ月間あなたの狂気のスケジュールにあなたのスポーツや趣味のすべてに収まろうとしているなら、あなたのパートナーのための時間を作るために、これらの活動のいくつかを減らしてください。仕事が遅くなったら、あなたのパートナーのために時間が確保されている限り、あなたの趣味やスポーツを蹴ります。最初にあなたのパートナー、そしてその後の他のすべてを覚えておいてください。なぜなら、あなたが仕事を失ったり、ゲームを欠場したり、悪い夜を過ごしたりした場合、あなたのパートナーが家に帰ってくるからです。彼らはあなたのためにそこにいるでしょう – 良い時と悪い時。

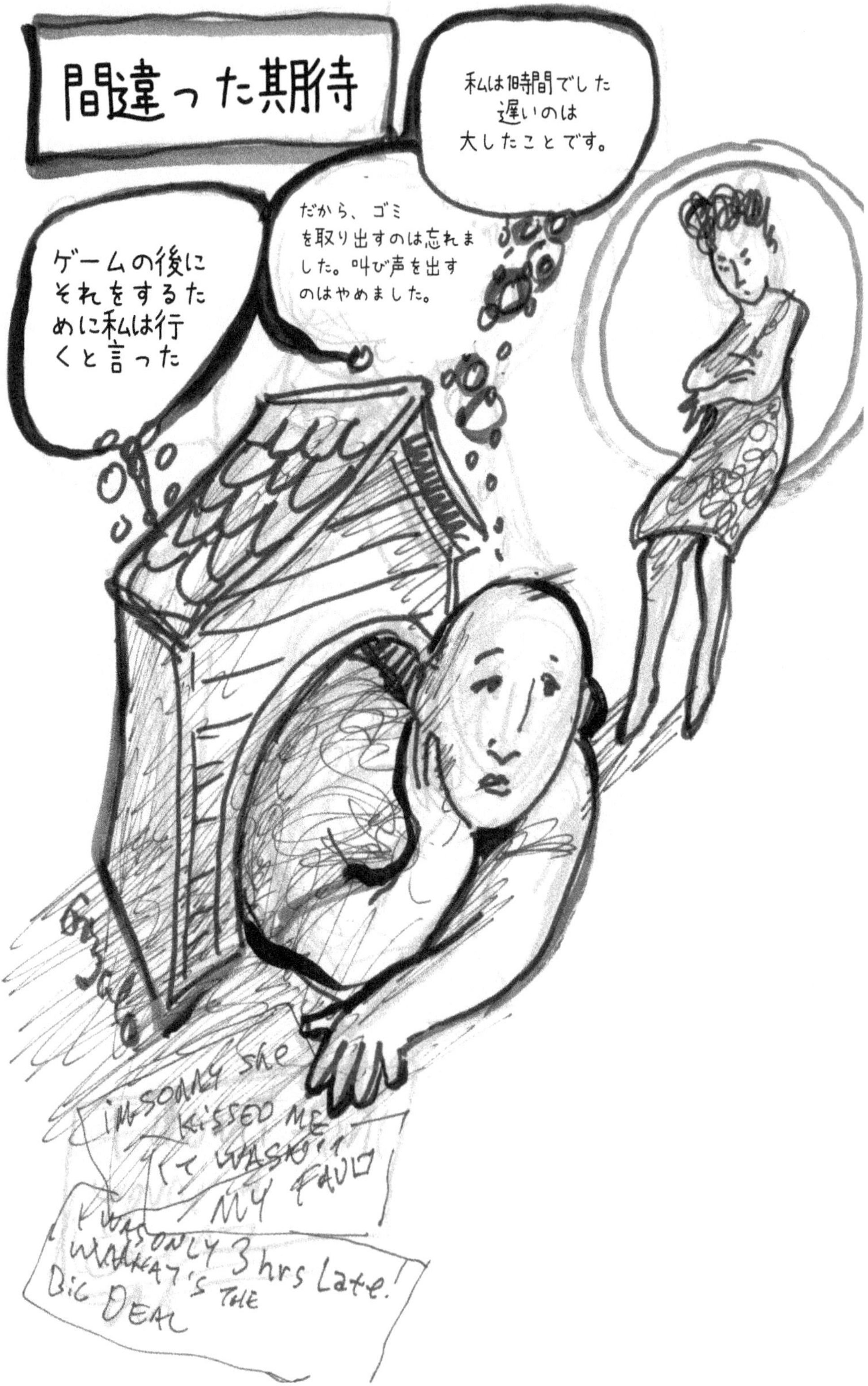
間違った期待
私は1時間でした
遅いのは
大したことです。
ゲームの後に
それをするた
めに私は行
くと言った
だから、ゴミ
を取り出すのは忘れま
した。叫び声を出す
のはやめました。
I'M SORRY SHE KISSED ME
IT WASN'T MY FAULT
I WAS ONLY 3 hrs Late!
WHAT'S THE BIG DEAL

間違い3:
誤った期待を設定する

どのくらいの頻度で何かをするつもりで、従わないと言いますか?あなたは何かをするつもりであることをあなたのパートナーに伝え、その後忘れますか?あなたは学校から子供たちをピックアップし、あなたの一日がとても狂ったので、あなたが忘れたと言うために電話し、彼らがそれを行うことができるかどうかを尋ねるように?あなたが夕食のために家に帰ると言うとき、あなたのパートナーはどのように感じるはずですが、あなたは何度も何度も遅れていますか?パートナーの心と心にどんな疑問や恨みを植え付けているのですか?

あなたが何かの世話をすると言って忘れたときはどうですか?あなたがそれを言ったとき、あなたはそれを意味したが、あなたは今行ったコミットメントの前にあなたのニーズを置く理由のために気を散らさせる。これはあなたのパートナーに誤った希望の感覚を与えるかもしれないと思いますか?あなたのパートナーはどのように感じるべきですか?失望した。悲しい。怒った。それとも恐ろしいですか?彼らはあなたがあからさまに嘘をついたり、操作されたり、裏切られたりしていると感じていますか?彼らはあなたが何か言うことを信頼していますか?これについて私を助けてください:彼らはどのように感じるべきですか?あなたはどのように感じますか?

あなたが従わないすべての時間は、パートナーが取り残された感じにすることができます。あなたが何をしていたとしても、あなたの言葉に忠実であることよりもはるかに重要でした。一人の親が在宅介護者である関係では、これは怒りや嫉妬を引き起こす可能性があります。あなたはまだあなたの時間を担当しているようで、外出して、まだあなたがやりたいことをやっています。一方、彼らの人生は、家族が働いていることを確認するために家にいて、一人の時間、楽しい時間、または友人の時間をほとんどまたはまったく持っていませんか?

それはこれに来る: パートナーはパートナーとのパートナーシップに安心感を感じていますか?あなたは彼らに彼らよりも重要なあなたの人生で何か他のことが起こっていると感じる理由を与えますか?パートナーが切断されていると感じた場合、時間の経過とともに、パートナーは知らないパートナーに変更される可能性があります。あなたが恋に落ちたその楽しい、愛情と思いやりのあるパートナーは、建物を離れて行ったでしょう。彼らがあなたのために感じた愛は、傷つくのを防ぐ必要性から埋もれているでしょう。

この種の治療は、パートナーの自己イメージに大きな打撃を与えます。愛されていると感じない人は、体重やルックスに関するワンライナーのコメントで低い自己イメージを養ったり、自分の世話をしたりすることはありません。彼らは古く感じ、かつてほど美しく感じないかもしれない。あなたが一日の新鮮な部分の間に若くて魅力的な人々の周りにぶら下がっている仕事をしていることを知ることは、それを悪化させるだけです。

あなたのパートナーの方法を投げる誤った期待は、彼らの感情的な健康に影響を与えるかもしれないと思いますか?引きずり下ろされた感じではなく、あなたの安心感、受け入れ、励ましで再び愛されていると感じる必要があります。あなたのパートナーは、彼らがあなたを当てにできないことを知っているので、彼らはもう怒らない段階に到達しましたか?彼らは、タスクやアクティビティを自分で行う方が簡単で、あなたを巻き込むことさえできないと信じていますか?

安心感を失ったパートナーにとっての1つの結果は、体重増加、うつ病、低い自己イメージなどの健康上の問題が始まる可能性があるということです。彼らは、エクササイズ、ランやヨガのクラスを取る、健康的な食事を計画するモチベーションを失い、他の方法で自分自身の世話をします。

真実は、あなたがストレスを感じ、疲れ果てているとき、あなたの精神的意志力が消耗します。あなたの意志力が強いとき、あなたはそれが間違っていることを知っているので、特定のものに抵抗することができます。しかし、あなたが疲労とストレスのために意志力を欠いているとき、あなたはそのチーズケーキから地獄を打ち負かし、それを愛することができます。あなたは午前中に自分自身を嫌うでしょうが、これは本当の取引です。意志の力がなくなったら、生存者はいない。あなたは正しい選択をする力がないので、悲しみの空隙を完全に埋めるために甘やかす必要があるだけです。

行動を起こす: 良い男になる

パートナーのストレスを軽減するのがあなたの仕事です。コミットメントを行い、それらに固執することは基本的な要件です。次にパートナーにガレージを掃除したり、子供の部屋を塗ったり、パティオデッキを仕上げたり、車を修理してもらったりすると言ったら、それを行います。ヘッドセットを装着し、ゲームを聞いて、それを完了します。

人生で何らかのストレスを抱える可能性のあるすべてのことを考えてみてください。あなたのパートナーが彼らにストレスを与えるものについてあなたに話している事を聞いてください。彼らの現実に疑問を持ってはいけません。あなたの仕事は、それらを信じて、あなたのパートナーのストレスレベルが最小限であることを確認するためにキックすることです。

ほら、まず幸せなパートナーを持つことがすべてです。その後、外に出てゴルフのラウンドをしたり、お友達と遊びに行くことができます。それは優先順位の変化ですが、これらの変更を行うと、あなたが不平を言わない余分なパートナーの利点があります。

さて、あなたが特定の時間に家に帰ると言うとき、その時に家に帰っていることを覚えておいてください。あなたが時間の対立を持っている場合、あなたの唯一の選択は、人生を簡単にするか、難しくすることです。なぜあなたは必要以上の問題に対処する必要がありますか?トレーニングホイールを外し、時計に注意を払い、約束通りに家に帰る時が過ぎです。

解決: 安全なパートナーシップ

約束通りクリーンな実績を維持すれば、幸せなパートナーが1人います。強力で安全なパートナーを作成します。これは、あなたが家に帰ったときに結果を気にすることなく、あなたがやりたいことを行う自由を与えるでしょう。

あなたのハニードリストを完了することによってあなたができるすべての良いことを考えてください。銀行にお金を入れているような仕事に費やす時間を考えてみてください。あなたはのれんを稼いでいて、銀行を増やすほど、感謝の気持ちのパートナーからあなたに返されます。あなたののれんの銀行が空で、あなたが離陸したい場合は、狂ったパートナーを持つことになります。しかし、あなたが銀行にのれんを持っているなら、楽しみに行きなさい。
あなたのパートナーは、より多くを追加し続けるので、そのハニードリストを終える意味がないと人々が不平を言うのを聞いたことがあります。本当じゃありません。通常、あなたのパートナーは、同じ未完了のタスクについて何度も何度も不平を言い続けます。ハニードリストは、パートナーの額の付箋と考えてください。そのタスクが完了するまで、スティクラムはまだそこにあり、それが取り除かれるまで迷惑です。タスクを完了すると、タスクは終了します。パートナーのリマインダーを口うるさいと呼ぶかもしれません。あなたのパートナーを幸せにすることはできないと言うなら、それは間違っています。あなたのパートナーのスティッサムを排除し、不平を言うことは消えます。

ああ、一方の注意点は、あなたのパートナーのタスクを完了しているかもしれませんが、それはあまりにもあなたの家であることを覚えておいてください。あなたがタスクを完了すると、あなたも今、あなたの美しい家を楽しむことができます。

驚くべきことは、実際に行うよりも、より多くのエネルギー思考と仕事から抜け出す方法の戦略を立てる必要があるということです。言い換えれば、パートナーがあなたの助けを必要としているときに何をしていても、何でも止める習慣にします。決して”すぐに”と言うことはありません。ただ起きて、すぐにそれをしなさい。終わったら、何をしていたにしても戻ります。要求されたタスクをすぐに行うだけの習慣を身につけると、パートナーは幸せになるだけでなく、自分のやりたいこともできるはずです。パートナーのコアニーズが満たされている場合にのみ、コアニーズを満たすことができます。

“尋ねるな、言うな”というアドバイスは、
パートナーシップの選択肢ではありません。

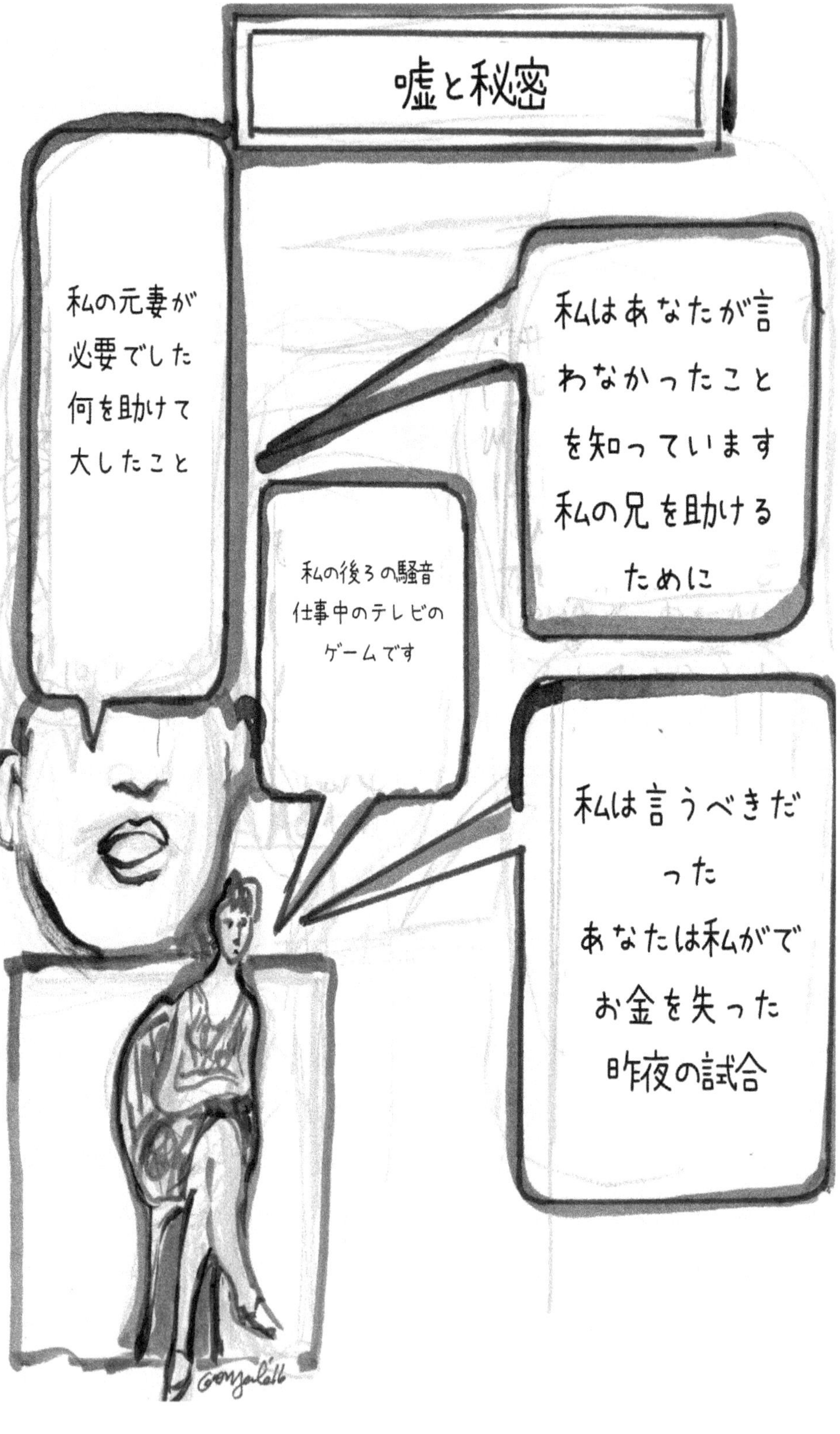
嘘と秘密
私の元妻が必要でした何を助けて大したこと
私はあなたが言わなかったことを知っています私の兄を助けるために
私の後ろの騒音仕事中のテレビのゲームです
私は言うべきだったあなたは私がでお金を失った昨夜の試合

間違い4:
嘘をつき、秘密を守る

嘘には、白い嘘と深刻な嘘の2種類があります。白い嘘は一般的で、通常は私たちを少しのトラブルから守るか、誰かを良い気分にさせると言われています。白い嘘はフィビングと呼ばれることもあります。”それは交通でした”と、あなたが寝坊したことを認めるのではなく、会議に遅れて到着したと言います。”仕事で電話を切りました”と、本当に仲間とビールを飲みながら外出中に言います。

あなたのパートナーが去ることを恐れているので、深刻な、人生を変える嘘や秘密は、正直に言うと最も難しいです。私は依存症や二重生活を送るなど、人生を台無しにすることができることについて話しています。あなたがそれを隠していると思うどんなに良いと思っても、あなたのカードは何か別の方法で表示されます。パートナーは2と2を組み合わせるのが一番です。彼らはあなたとあなたの習慣を知っています。だから、あなたの性格や習慣の何かが変わると、それはパートナーがより多くの矛盾のために過敏になる赤い旗を送ります。

プライバシーは秘密の概念と密接に結びついています。あなたは友人や家族との境界を設定する問題がありますか?パートナーシップに関する個人情報(良いか悪いか)を共有し、問題は大丈夫だと思いますか?あなたはあなたのパートナーとのあなたの性生活についてあなたの友人に話していますか?パートナーが共有できる内容と共有できないものに対して何を快適に感じているか、パートナーとどのように共有するかについて、パートナーとルールを設定する必要があります。これには、ソーシャルメディアに画像や情報を投稿することも含まれます。

パートナーとは違うライフスタイルがありますか?あなたはバーに出かけるのが好きですか、友人や家族と交流しますか?できればいつもそれらを持っていますか?あなたの人生についての物語を伝え、すべてについてオープンにしたいのに対し、あなたのパートナーは二人の間でより多くを保つのが好きですか?

あなたの成果を膨らませますか?あなたの物語のすべてが実際の生活の中よりも少し大きく、明るいですか?その誇張が習慣になると、あなたのパートナーはあなたが本当ではない他に何をしているのか疑問に思わせる嘘の形に変わる可能性があります。

あなたは夕食のテーブルやベッドでテキストメッセージに滞在しますか?あなたのおやすみはキスですか、それとも最後の送信を打つためにキスをスキップしますか?あなたがソーシャルメディアの"友人"と交わしている会話や、パートナーのために守るべき親密さを破る"いいね"を追跡していますか?

ここで、ルール、境界、戦略を整備する必要があります。これらは、パートナーシップが機能するために合意され、尊重されるべきです。ルールが破られた場合は、信頼も壊れています。気づく最もクレイジーなことの1つは、パートナーと永遠に一緒にいることができるということです(またはそのように見えます)が、それはあなたが自動的にそれらを知るという意味ではありません。あなたは質の高い時間を費やし、それらに従事することなく、彼らがダニを作るものを理解することはありません。

あなたは一貫してあなたのパートナーの愛のために戦っているように感じますか?パートナーとコミュニケーションを取っていない限り、いくつかの反応が過去のトラウマから来ることを知らないかもしれません。これは、人が生き残るために完全な必要性から守る秘密の一種です。誰かが子供の頃に虐待を受けた場合、彼らはその問題を深く埋めた可能性があります。それは彼らとの秘密かもしれません。問題が処理されなかった場合は、それを知らずに価格を支払っている可能性があります。

アクションを実行する: コミットする

白い嘘、フィブ、または誇張された真実であなたを捕まえることは、あなたが思っているよりもずっと深刻なことができますことを理解してください。後でパートナーのコアニーズに対応することがわかります。それはあなたの誠実さと信頼性に疑問を持つ一連の赤旗を引き起こします。あなたが小さなことについて嘘をつくことができれば、彼らが行方不明になっている大きな嘘について考えているあなたのパートナーに基づいています。全体の真実を話さないと、信頼の完全な内訳に土砂崩れする可能性があります。あなたのパートナーは、あなたが信頼し、頼りにできるパートナーであると常に信じたいと思っています。欺瞞的であることは、関係の純粋さを破壊するだけでなく、パートナーシップを破壊する可能性もあります。あなたは自分が間違っていたことを認め、謝罪し、間違いを犯したときに赦しを求めるのに十分な大きさですか?

解決: 信頼できるパートナーシップ

白い嘘は、秘密を守り、さらに大きな嘘をつく道です。それは時々パートナーがそのような極端に反応し、あなたは彼らがちょうど過剰反応したと思う理由です。彼らはあなたがそれを逃れることができると思ったとは信じることができません。あなたのパートナーはあなたを知る専門家になるために多くの時間を費やしています。だから、あなたが嘘をついているとき、あなたのパートナーはそれを感じることができます。彼らはそれを信じたり、それに対処したくないかもしれませんが、彼らは知っています。

無邪気な信頼が破られたら、花びらをバラに戻そうとするようなものです。あなたはそれらを接着することができるかもしれませんが、その花は決して同じではありません。

あなたのパートナーが持っているより多くの疑問は、彼らが追跡し、あなたを疑問視する必要があります。今、彼らはあなたの携帯電話や電子メールをチェックするためにあなたの居場所を知る必要があります。何らかの理由でパートナーの信頼の核心的な必要性を引き起こすとき、それは彼らがあなたを信頼できないあなたのせいであることを覚えておいてください。

変更してコミットした場合は、パートナーの信頼の一部を簡単に組み立てる方法があります。それはオープンな本であることについてです、そしてあなたはそれについて第6章で読むでしょう。パートナーを安心させる。常に自分の居場所を知らせて、携帯電話やパスワードにアクセスできるようにします。多くの作業と時間(時には何年も)が必要であり、かつてパートナーシップで持っていたその自由に対する権利を失ったことを理解してください。それは難しいように見えるかもしれませんが、正直はあなたを自由にします!

あなたのパートナ
ーシップは
どの段階
ですか
調整
軽蔑
非互換性
自己中心性

第3章:
関係の衰退の4つの段階

指を向ける前に内側を見てください。

あなたは、コースから離れて関係を取る間違いを学びました。パートナーを無視または無視したり、誤った期待を設定したり、権利を感じたり、嘘をつき、秘密を守ったりすると、パートナーシップが制御不能になる可能性があります。時間が経つにつれて、これらの間違いのいずれかが悪い習慣になった場合、彼らはますます傷つき、失望することから自分自身を守るためにあなたのパートナーを強制します。

あなたのパートナーが正気を保つためには、彼らは自分自身を守る必要があります。それはあなたのパートナーが抜け出す方法がないと感じたときに消える自動トリガーです。考える 2 つの方法を次に示します:

最初のメタファーは、スイッチを反転します。両親は子供たちとスイッチをひっくり返すマスター。彼らが要求したり叫んだりしているとき、両親はスイッチをひっくり返すことを学びます(または非常識に行く)。スイッチを反転させることで、狂気を無視して正気を維持する方法を見つけます。

2番目の比喩はレンガの壁です。約束が破られるたびに、あなたのパートナーは壁にレンガを加えることによって失望を守ります。壁のレンガが多ければ多いほど、期待の失敗によって傷つくのは少なくなります。

あなたは、あなたのパートナーがあなたのナンセンスから切断するためにスイッチを反転するのを見てきました。家の周りに無視されている非常に多くのものがありますとき。または、友人と十分な時間を過ごせない、または遊び時間に十分な時間がないことについて常に不平を言っているとき。

あなたが何かをするつもりだと言うとき、あなたのパートナーは彼らの壁にレンガを追加します。壁が高いほど、彼らはあなたがやると言うことをするためにあなたを頼りにしません。あなたが注意を払っているなら、あなたのパートナーの顔の失望や欲求不満の瞬間は、レンガがちょうど上がったときです。

私は今、あなたの質問に答えることができます:あなたのパートナーがあなたと一緒に惨めであるなら、なぜ彼らは滞在するのですか?まず、彼らは正気を維持するためにスイッチをひっくり返しました。第二に、彼らは壁の後ろに保護されていると感じています。

関係がストレスを受け、現実の問題で過負荷になると、パートナーシップの戦いや切断につながる可能性があります。これがあなたの幸せと幸せな人生を持つことが問題になるときです。関係が素晴らしいとき、悪い習慣は通常容認することができます。関係がオフになっていると、悪い習慣は指数関数的にあなたのパートナーを驚かせ始めます。あなたのパートナーがあなたに乗っているとき、あなたはコントロールを感じ始めますか?あなたが望むものをする自由を失ったかのように?その時点で、パートナーシップは、パートナーが制御不能に感じる場所に課税されます。

良いニュースは、あなたのパートナーは、彼らがあなたを選ぶ間違いを犯さなかったと信じたいと思っているということです。彼らは、混乱した感情的なつながりが見事に再燃できることを願っています。

あなたの車の中でガスタンクを維持するような多くの方法で関係を維持する必要があります。タンクを満タンにしたら、運転席に飛び乗ったときに得られる満足感を考えてください。あなたは、針が"F"の上に完全にホバリングしているのを見るためにあなたの燃料ゲージを見て、あなたが行くのが良いことを示します。次に何が起こりますか?あなたのタンクを充填することはもはや問題ではありません。あなたはより差し迫った問題の世話に集中することができます。右。しかし、時間がまったくないような後、あなたは最終的にあなたが危険なほど"E"を打つことに近づいていることを見下ろします。あなたは毎日あなたの顔の前で起こっていることに気づくことを怠った。ほぼ毎回あなたの反応は何ですか?あなたは首を横に振って、あのガスは一体何が起こったの?!聞き覚えがありますか?

同じ比喩を関係に応用しましょう。ガスタンクのように、関係は、パートナーとして、あなたのパートナーを幸せにするために全力を尽くす瞬間を持っています。しかし、空のガスタンクのように、あなたは関係が"E"にあると感じたときにのみその努力を出していますか?あなたは単にあなたのパートナーに本当の愛と愛情を示す前に、カップルが毎年同じ時間に転がり回るためのそれらの重要なカレンダーの日付を待っていますか?誕生日、バレンタインデー、クリスマス、記念日..それらは注意を払うことになると与えられていますが、パートナーが一年おきに特別であることを示すためにどのような努力をしますか?

しかし、待つ — 贈り物を買うなどの予測可能なものに全力を注がれてはいけません。"わかった、今、私は次のものまで良いです"と思っているなら、あなたはポイントを逃しました。何。いつからカレンダーは、あなたのパートナーの幸せに投資されるはずのときにのみ指示されますか?

ガスタンクがいっぱいだと思う度にガスタンクを満タンにするのが習慣だったらどうなるでしょうか?あなたは常にあなたが必要なものを行うために燃料をたくさん持っているだろうし、あなたの車は決して不足することはありません。同様に、一貫してあなたの関係の"タンク"を埋め尽くした場合はどうなりますか?毎週あなたの関係にあちこちで愛と愛情の小さなジェスチャーを振りかけてみませんか?地獄、なぜ毎日それをしてみませんか?

その関係を毎日意識するだけで、それに応じて反応させることができます。それはどのようなものですか?彼らが目を覚ますとき、あなたのパートナーをほめ、抱きしめてキスし、午前中にコーヒーを飲み、あなたがどれほど彼らを愛しているかを伝えてください。あなたのパートナーが帰宅したら、夕食の準備をするか、長い一日の後にワインのグラスでドアであなたのパートナーを迎えます。子供のためのシッターを取得し、デートにあなたのパートナーを取ります。彼らのためにドアを開けることを忘れないでください。

すべてのジェスチャーは壮大なディスプレイである必要はありません。それは単にあなたが彼らと彼らの幸せについて考えていることをあなたのパートナーに示す必要があります。それは重要な小さなことだ。

わかってるわかってる。あなたは100万のことが起こっていて、時にはあなたの関係をスライドさせます。それは起こります。多くの状況は本当に誰のせいではありません。人生は起こる。しかし、あなたがあまりにも遠くにスライドさせ、あなたの関係をあなたの優先順位のリストの上に戻すことを怠ると、それはあなたのせいになります。それはあなたが完全な愛のタンクを維持する方法です。パートナーシップが良い場所にあると確信すると、外部のすべての義務ははるかにストレスが少なくなります。

関係が史上最低に達したが、それでもそれを望む場合は、それを回す方法があります。それは自分自身から始まります。指を向ける前に内側を見てください。あなたの関係が互換性を持たなくなることはできません!

あなたがパートナーとあなたと一緒にいる方法についての意思決定を開始することは人間の性質です。パートナーが切れ目を離していると感じたら、これは悪い方向に変化するパートナーシップの始まりです。これは自動サバイバルモードであり、あなたのパートナーが期待をリセットするのと同じくらい簡単です。そのリセットは、パートナーがパートナーを生き残るために行う 4 つの段階をトリガーします。

ステージ 1.調整
ステージ 2.自分勝手
ステージ 3.失敬
ステージ 4.非 互換 性

完璧なパートナーシップは、
お互いをあきらめることを拒否する2人の不完全
な人々の間に見つかります。

調整

ハニー明日やります、
約束します
私はあなたを
頼りにすること
はできません
ミュート
速い
点ける
消す
ステージ
保護の
変更された動作
私の正気
をも守ってください
GONZALO

ステージ 1:
調整

調整段階は、あなたのパートナーがあなたを助けるためにあなたを当てにできない場合です。彼らは自分の期待を修正し、自分自身で物事の世話をし始めます。一つの問題は関係を悪化させるものではありませんが、パターンになると、これらの小さなことがより重要な問題に雪だるまされ始めます。

森林火災は発生するだけではありません。それを手に入れたキンドルは常にあります。火花が点火すると、それはすぐに広がることができます。これらの激しい議論を始めるのは、あなたの人生の中でその親切の絶え間ない再登場であり、パートナーはパートナーシップを調整することを余儀なくされます。小さなことに対するパートナーの要求の世話に熱心であることは必須です。スモーキー・ザ・ベアは「森林火災を防ぐことができるのはあなただけ」と言いました。そして、あなたが悪い関係習慣のパターンに陥った場合、あなただけがあなたの関係が煙の中で上がるのを防ぐことができます。

調整のもう一つの形態は、あなたを締め出しています。あなたのパートナーは、スイッチを反転させることによって(聴覚、視力、ロマンスへの欲求)をオフにすることができます。あなたのパートナーはこのツールを持っています。あなたが子供を持っているなら、あなたのパートナーはおそらくすでにそれを完成させたでしょう。これは、爆発を防ぐ冷却メカニズムです。

スイッチは生存メカニズムかもしれませんが、操作のように感じてしまいます。あなたのパートナーが傷ついているとき、彼らは通常、彼らが自己防衛の必要性を感じるので、彼らは故意にまたは無意識のうちに三振します。あなたのパートナーが間違っていると感じたら、親密さを利用して並べるようにするなど、あなたが楽しむことをシャットダウンする傾向があるかもしれません。それ以上に、あなたのパートナーは感情的にも肉体的にも完全にチェックアウトするかもしれません。

自己中
私は決してあなたを
幸せにさせるのが
できませんでした
人間関係の問題
みんな自分のために
怒り
コミュニケーションの問題
罪悪感の旅

ステージ2:
利己主義

わがままの舞台は「みんなの舞台」とも呼ぶことができます。あなたの苦労した恋人は、コントロールを得ようとする際に問題を修正しようとします。丁寧な質問は、今では、所定の結果を伴う要求になります。それはあなたが考え始める段階です、私はあなたを幸せにすることはできません。

あなたはこれらのジャブを知っています。この感謝祭は家族の家に行く時間がないので、あなたは私の家に行くだけです。報復が入り、あなたの肌の下に入り始めます。それはあなたの行動の結果を本当に理解させる方法です。

それはあなたのパートナーがナッツを演じているように感じ、あなたは理由を理解することはできません。彼らは微妙な(またはそれほど微妙ではない)敵意を持ってあなたに来ます。あなたはパートナーのニーズを満たそうとしますが、彼らはあまりにも多くのものをあなたに来るか、単に離脱し、あなたの助け、期間を必要としません。もはや彼らを喜ばせることはなく、あなたのパートナーは不公平で不合理であると感じます。あなたの日々のルーチンは、あなたが次に目を覚ます人を推測しようとします:ハルクやバニスター?グリンダ良い魔女や彼女の邪悪な妹?

あなたは今何をしていますか?あなたのパートナーに反応して、あなたは精神的にも肉体的にもチェックアウトし始めます。今、あなたとあなたのパートナーは両方とも離脱しています。それは生存戦術です。孤立している間、離脱は疲れ果てた絶え間ないビッカリングに比べて2つの悪の少ないものになります。通信が完全に壊れると、実際の長期的な損傷が発生します。

軽蔑

ステージ 3:
無礼

失礼な段階はひどいです。それは醜いです。目を見張るような、名前を呼び、叫んでいると、議論は失礼になります。すべての単語が記録されているので、この段階では、あなたが言うことを見てください。再生ボタンがアクティブになりました。この怒りの場所は、あなたの中で最悪の事態を引き起こす可能性があります。

あなたのパートナーは、あなたが彼らの行動のために彼らをあざ笑った家族や友人との状況を処理し、第三次世界大戦が噴火し、あなたは取り戻す事ができない傷つくことを言いましたか?無礼な言葉がパートナーシップに注入されると、あなたが登る必要がある穴は非常に深くなります。

この段階では、関係に疑問を持ち始め、架空の出口シナリオを楽しませるかもしれません。パートナーシップにおける相互尊重が破綻し始めると、その内訳は、さまよう目、いちゃつくなど、パートナーシップの範囲外の性的習慣に道を譲ります。これらの"無害な"ことは技術的に不正行為ではありませんが、パートナーにあなたがやっているのを見つけてもらいたいものではありません。

相互尊重の完全な内訳は、多くの場合、私は気にしない」態度と一致します。気にしなくなると、関係の問題に取り組む代わりに、問題が積み重なり始めます。

しかし、失敗のように感じるのはあなたの性質ではありません。あなたは失敗することはできません。特に物事が制御不能に陥っている可能性を感じ始めるとき、あなたはコントロールを取り戻すためにできることは何でもします。これは、期待と境界が交差し、どちらかの当事者が間違っている可能性がある場合に発生し始めます。

この段階でも、あなたが作成したのと同じくらいのダメージで、あなたが混乱して所有している場所を認識し始めると、物事を好転させることができます。ツールボックスにツールが必要なだけです。

非互換
同意できません
何でも
あなたは私に怒鳴ります
いつも
あなたは私を尊重しません
あなたが、私を扱いする方法に嫌い
あなたはただの悪いルームメイトです
なぜ私たちは一緒にいるのですか？

ステージ 4:
非互換性

非互換性の段階に達すると、物事が暗く見え、感じるところまで来ました。それはあなたが何かに同意し、この人があなたの魂の仲間であるかどうか疑問に思い始めることができないポイントです。これは、パートナーシップにおける相互尊重が完全に崩壊し、しばらくの間欠席しているところです。非互換性は元に戻るのは難しいですが、希望と双方がそれを解決することを望んでいる両方の当事者と、関係を修復することは可能です。ここは”愛だけでは不十分だ”と聞く危険な場所です。

それはあなたが元と飲み物のようなものにふけるようになったときです，オンライン関係，あるいは浮気.これは、チェックアウトのプロセスのエスカレーションです。あなたは仕事、趣味、スポーツで溺れます。基本的に、パートナーとその後のすべての引数を避けるためにできることは何でもします。オフィスに遅くまで滞在したり、パートナーから離れるために出張したりすることは、悪いルームメイトに過ぎません。

それでも、あなたはそれを手放すことはありませんし、それが完全に極端になるまで停止しません。あなたのパートナーは悲鳴を上げて泣き、あなたに変わるように頼むことができますが、あなたはそれらを聞くことを拒否します。あなたのパートナーが最終的に終わり、あなたを投げ出し、関係を終わらせて初めて、ほとんどが泣き返します。そうして初めて、あなたは突然あなたが彼らなしでは生きていけないことに気づいたので、あなたは最終的に変更することを決めます。

一貫して存在し、あなたの関係に気づいていることは、尊敬を示し、あなたのパートナーシップの互換性を固めています。覚えておいてください、それはあなたがこれらの段階に気づいていなかったあなたのせいではありませんが、今、あなたはあります。それに応じて調整しないと、それはあなたのせいです。

関係の基本

私は誰か痛めさせる必要がない。
私たちはほとんど離れた生活をしています。
あなたは一緒にいるときつまらない。
消す
点ける

パート2:
必要な関係の基礎

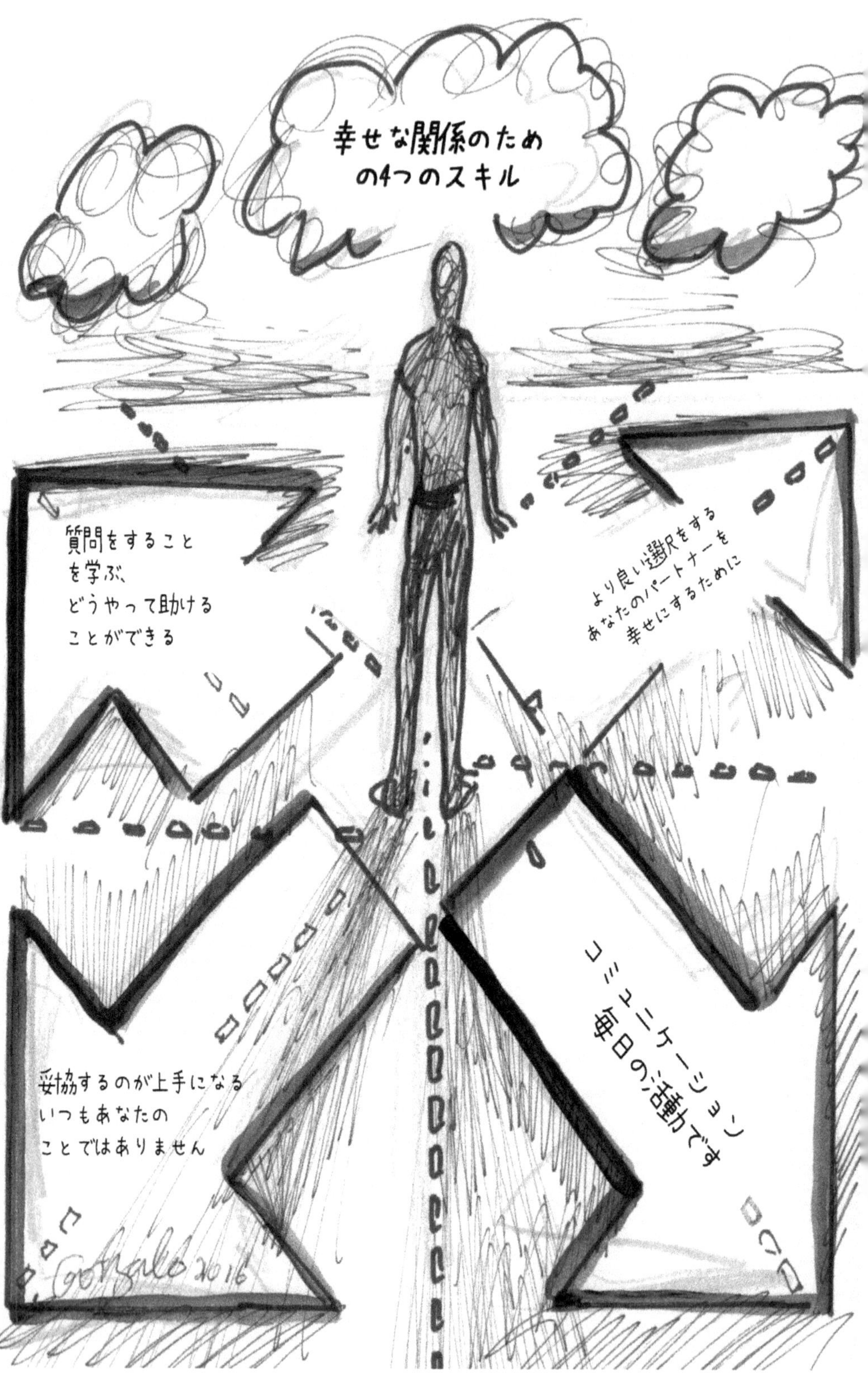
幸せな関係のための4つのスキル
質問をすることを学ぶ、
どうやって助けることができる
より良い選択をする
あなたのパートナーを
幸せにするために
妥協するのが上手になる
いつもあなたのことではありません
コミュニケーション
毎日の活動です
Gonzalo 2016

第4章 幸せな関係のための4つのスキル

パートナーシップは進行中の作業です。
学ぶほど、より良い結果が得られる。

健全な関係を築くためにパートナーと協力する4つの重要な方法を教えたことがないのは、あなたのせいではありません。あなたが暗闇の中で手探りだったら、それは誰もあなたにライトスイッチを見つける場所を教えなかったからです。重要なスキルがどれも動作していない場合、唯一の結果はストレスを追加され、誰も望んでいないパートナーシップを作成します。

ここに4つのスキルがあります。日常的に正しく使用すると、もはや犬小屋を共有する必要はありません。

質問をする

相手の心は読めない。しかし、あなたがパートナーに満足しているなら、何かが間違っているときを知っています。だから、"私が間違ったことや、より良いことができることはありますか"や"遠くに見える"などの質問をします。怒ってるの?これは強さを生み出し、パートナーシップにバランスをもたらします。

良い選択をする

あなたのパートナーがあなたに何かを尋ねるとき、あなたは忙しすぎるか、それを無視すると、それは不均衡なパートナーシップを作成します。だから、次に彼らがあなたに尋ねるときにそれを行います。

妥協

パートナーシップには常にギブアンドテイクが必要です。あなたが問題に断固として取り組んでいて、パートナーが屈するなら、パートナーに別の問題を思い出させてください。

伝える

これがパートナーシップを成功させるための鍵です。パートナーに、お客様の双方に影響を与える決定を知ることは重要であり、信頼を築きます。

最終的な目標は、パートナーとパートナーシップのストレスを解消することで、幸せになることができます。人生の新しい仕事が何か知っていますか。すべてのコストであなたのパートナーのストレスを排除します。あなたが今二度目を聞いたように:あなたのパートナーが決してストレスを感じないように!

パートナーのストレスを解消するために、4 つのスキルを適用し始めます。それが取るものは何でもしてください。今、私があなたに求めていることとその理由について考えてみてください!それです。クラスオーバー。あなたは今家に帰ることができます。あなたが本を終えた直後。あなたのパートナーが決してストレスを感じないようにするには、それを実現するための私のツールが必要であり、彼らは本の最後にいます。

質問をします
私はより良いパートナーになることができますか
何か手伝いましょうか
どう思いますか
幸せですか
次回は家族をどう扱うべきか
あなたはそれを違ったやり方で何をしたでしょうか
私たちは境界の問題でより良くなることができます
私があなたの友達をどう扱うかあなたは好きですか
あなたは私の友達が好きですか
私たちはお互いに敬意を持って接していると思いますか
一緒に楽しんでいますか

スキル1:
質問する

質問は、人々が建設的に物事について話す機会を与えます。カップルは、特に関係の初めに、常に相手がやりたいことをやろうとしますが、ほとんどの人は悪い推測者です。お互いの心を読むことができると思うパートナーは、多くの時間をだましています。

ここに私の秘密があります:あなたはあなたのパートナーがあなたから切断されたときに見分ける方法を知っています。彼らは話していない、笑っていない、エッジの効いた、そして真実はあなたが理由を知らない。通常、あなたは彼らにスペースを与え、次に進むだけです。"ちょっといいですか?質問したいのです。私はより良くなりたいと思っています、そして、私は私が間違ったことをすることについて手がかりがない。でももっと重要なのは、どうやって正しくできるのか知りたい"と語った。あなたのパートナーを開いて、あなたのパートナーにあなたが将来より良い選択をすることを示します。

典型的な例は、関係の一人の人がパートナーからより多くの孤独な時間を必要とするときです。一人のパートナーが考え始めると、彼らは私と一緒にいたくない、それは彼らが私を気にしないことを意味する必要があります。実際には、一方のパートナーは単に一人でより多くの時間を持つことに慣れ、相手を感じさせていることにさえ気付かないかもしれません。質問をすると混乱が解消されます。

"バランスのとれた関係を持っていると感じますか?"このパートナーシップは平等だと感じますか?それとも私と一緒に安心しますか?最後に対処する必要があるのは、パートナーがあなたを信頼しているかどうかです。さて、それは答えに耳を傾ける時間です。ノートを取る ーノートの多く – と聞きます。

だから、あなたのパートナーが彼らの頭の中で走り回っているものを大声で言うのを助けるために質問してください。しかし、すべての質問は、コアの質問に答える必要があります:どのように私はあなたにより良いパートナーになることができますか?

選択をする

お金の使い方には気をつけます
私は週末中ずっとあなたと一緒にいます
家の活動を手伝います
Gonzalo

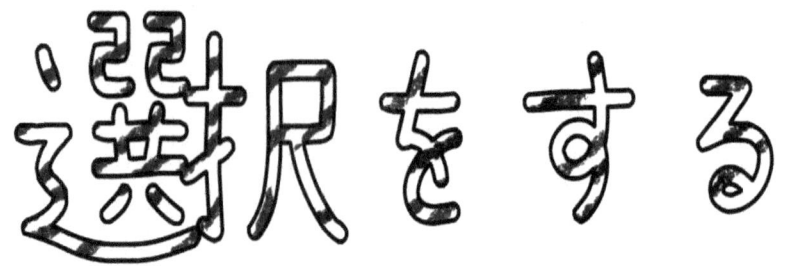

スキル2:
良い選択をする

すべての行動は選択です。

パートナーと一緒に小さくても大きな決断をしようとした場合は、それがどれほど難しいかを知っています。なぜそんなに難しいのですか?独身の時は独立して決断を下し、他の人にほとんど影響を与えない個人的なバイインが必要でした。

あなたの意思決定の質が私たちの関係の中で誰であるかを定義し、成功または失敗したパートナーシップにつながることは理にかなっています。パートナーのニーズが最初に来ることを覚えておいてください。そうして初めて、あなたは健全なパートナーシップに向かっています。ただ、これを覚えておいてください:すべてのアクションは選択です。

一緒に積極的に意思決定を行うか、個々の選択でお互いを考慮するかにかかわらず、完全に自分で行うべき決定は比較的少ないです。一方または両方のパートナーが最初にそれを話すことなく決定を下す自分の道であまりにも頻繁にオフになっている場合、遅かれ早かれ関係は苦しむでしょう。私は選択をすることは独立した動きであることを得るが、彼らはパートナーシップで一緒に行われる必要があります。パートナーに何が起こっているのかについての手がかりを与えずに選択をすると、感情が傷つく可能性があります。

しかし、決定を話すことは、決定を引き継ぐことを意味するものではありません。パートナーが自分の選択をして判断を尊重しましょう。両方に伴うすべての学習で、成功または失敗する自由を彼らに与えます。そして、あなたも、あなた自身で良い意思決定を行うことができることをあなたのパートナーに示す必要があります。

妥協

妥協
すべてはあな
たのパートナ
ーについてです
声と意見を持っ
ている
あなたが従うこと
。いつもあなたの
ことではありません。

スキル 3:
妥協

妥協は、パートナーとの理解の場に到達するために何かを与えることと理解されています。あなたの関係のある時点で、あなたとあなたのパートナーは異なるアプローチ、意見、または希望を持つことになります。しかし、正しく行われれば、妥協はあなたとあなたのパートナーがチームとして一緒に成長するのに役立ちます。信頼関係の信頼、説明責任、一貫性、セキュリティを促進します。また、健全なパートナーシップという共通の目標を念頭に置いていることも示しています。

ここで練習するスキルがあります:強硬な決断をするとき、最初にあなたのエゴをチェックしてください。あなたの方法が唯一の方法だと思うなら、私はあなたに一歩下がって、その悪いプログラミングがあなたを助けているかどうかを再評価するように頼んでいます。あなたのパートナーが起こり得る最悪のことを望んでいることをしていますか?ほとんどの場合、私はパートナーの選択が正しく、しばしば私のパートナーよりも優れていることがわかりました。

関係では、戦いを避けることはできませんが、議論する最善の方法について合意に達することができます。それは愛の言語です。問題の後にパートナーがスペースを必要とする場合は、後で一緒に話してください。あなたが受け取っている以上のものを与えていると感じたり、妥協が犠牲のように感じ始めたりすると、基準や境界を再評価する時がくるか、危険な人々を喜ばせる領域に落ちるでしょう。

妥協は学ぶのに時間がかかるスキルです。彼らはすべての仕事をしていると感じているので、あなたのパートナーが怒るところまで物事を取得させないでください、　そして、あなたはチェックアウトしました。再び関与するには、それを所有する方が良いです。”おっしゃる通り、私は間違っている”と言っても大丈夫です。

伝える

スキル4:
コミュニケーション

パートナーとの効果的なコミュニケーションは、相互尊重を構築します。アイデアは簡単です:人々は共感的です。彼らは何かが間違っているとき、非常に微妙なレベルで理解することができます。コミュニケーションは尊敬を強めるのに役立ちます。それはあなたのパートナーが考えていることから推測を取り出します。誤解を避け、信頼を築くのに役立ちます。パートナー同士のサポートが可能です。それはパートナーが恋に成長するのを助け、彼らの気分のために素晴らしいです。

次に、重大な意見の相違に関する難しい会話に向かうときには、どんなに難しくても、アクティブなリスナーであることに取り組まないようにしてください。これは複雑なスキルセットとして仕事を取るつもりです。注意深く耳を傾け、あなたのパートナーがあなたの言葉で言ったことを繰り返すことによってそうしていることを示すために最善を尽くしてください。”お金を節約することが大切だと聞いて、もっとお金を大切にしてやってみます””仕事が多いと寂しい気持ちで、できれば早く帰って来るようにします”と言います。

目の接触、手をつないで、うなずくなどの小さなジェスチャーで、ここで接続を維持します。これにより、あなたとあなたのパートナーは、相手の代わりにチームメイトのように感じ続けます。重要な議論をするときに、それらの携帯電話やラップトップを片付けてください!また、会話から抜け出すために使用できる”安全な単語”を検討することもできます。

ここに秘密があります。毎日の終わりに10分かけてパートナーを発散させると、彼らが感じていることを表現することができ、ポジティブなコミュニケーションチャネルが開きます。自己満足であることは、あからずに関係を殺す可能性があることを覚えておいてください。あなたのパートナーがあなたに何かをするように頼み、それが不公平だと感じたら、あなた自身を表現し、あなたの考えを分かち合ってください。パートナーと話し合い、相手とコミュニケーションを取り、理解してもらいます。一方、押し過ぎた場合は、”おっしゃる通り、私は間違っています”と言っても大丈夫です。

健全なパートナーシップを結ぶのに必要なものを
教えたことがないのは、あなたのせいではありません。
しかし、注意してください。この本を読んだ後、
あなたは言い訳を持っていません!

あなたの要望
友達
おもちゃ
テレビ
休息とリラックス
趣味
ダウンタイム

第5章:
あなたの幸せになる必要がある

あなたは関係の基盤の岩です

この章では、あなたが幸せになるためにパートナーが尊重し尊重すべき4つのニーズについて学びます。これらのいずれかが踏みつぶされるとき、あなたは不幸です。パートナーにニーズについて話したのはいつですか?あなたのパートナーは、彼らが存在することさえ知っていますか?

私はあなたが岩と呼ぶあなたの関係の橋の基礎として自分自身を考える必要があります。あなたが土台への岩であることを覚えておいてください。

次の章では、パートナーの 4 つのニーズについて説明します。パートナーの4つのニーズを、財団が支える橋の柱と考えてください。これらは、ブリッジの主要なコンポーネントです。基礎が弱い場合は、柱も弱いです。基礎や柱が強ければ、橋も強いです。パートナーのニーズをすべて満たせば、強力な橋を作り上げてください。そして、その後、あなたのパートナーはあなたの4つのニーズを尊重し、サポートします。

パートナーに必要なものは、あなたが望むものとは大きく異なる場合があります。必要とは空気や水のような絶対的な要件であり、欲求はあなたが望むものです。人間関係では、2つを混同するのは簡単です。
あなたの望みをもらうことが必要と同じくらい重要です。ゲームで散財し、あなたが貯めた特別なものを買うことは、必要性と混同されるかもしれません。真実はそうではないということですが、それは確かに人生はそれだけの価値を作ります。手形を支払うためにお金を稼ぐ、子供の世話をする、ピッチインする、そしてあなたのパートナーの世話をすることが必要です。しかし、この努力の後、あなた自身のニーズや望みが否定されたときに打撃のように感じることができます。

目標は、あなたのパートナーがあなたの望みがあることができます。しかし、これは彼らのニーズが満たされている場合にのみ発生することができます。これは人間性と常識にすぎません。すべての人にとって、必要不可欠かつ重要なニーズです。あなたの関係には、安心して成功し、幸せになる必要があります。楽しく愛情深いパートナーとのつながりが必要です。ニーズと欲しいの違いを解読する際には、まず必需品に焦点を当てることをお勧めします。その後、あなたのパートナーにあなたの望む通信します。あなたのパートナーも望んでいることを覚えておいてください。

現実は、ニーズと望みの両方が満たされ、人生の岩であり、ほとんどの場合、あなたのパートナーシップは健全です。あなたの出会いのために、あなたはあなたのパートナーのニーズを満たしている必要があります。

パートナーシップの比喩を橋渡しに進みましょう。私たちはすでにあなたが基盤であることを確立しました。最後の部分は柱の上に座っている支持ビームである。支持ビームは柱を揺らし、基礎を揺らすことができる毎日の問題である。これらについては、第 6 章で詳しく説明します。

何があなたを幸せにするのかについて説明しましょう。この一部はあなたに当てはまり、いくつかは当てはまりません。ちょうどあなたのために働くものを使用してください。以下は、私が4つの基本的な人間のニーズに適用するラベルです。

- **好き**
- **好きではない**
- **吸う**
- **憎む**

これら4つのニーズが理解され、尊重されれば、それは簡単です。
あなたは幸せになります!

あのね
あなたは幸せになりたい

必要 1:
私が好きなもの

最初の必要性は、あなたが幸せになるために人生で好きなものとして定義されます。LIKEの必要性は、人生を生きる価値のあるものにするものです。あなたのパートナーがあなたの好き、人生の岩を尊重するとき。さもなければ、あなたはあなたのパートナーに憤慨し、不満を感じ始めます。
ここでは、必要に応じて分類されるいくつかの一般的な事柄があります:

必要とされ、募集されている: 必要と感じ、望まれる必要性は、少しの方法で現れることができます。ほめ言葉を受け取り、ドライブホームであなたの髪を通して走る手.あなたの方法を投げた少しの注意は決して傷つけることはありません。あなたがこれの多くをしたい場合は、より多くを与えます。あなたのパートナーが「あなたは素晴らしいです」と言うとき、それは素晴らしい気持ちです、そして、彼らはそれを意味します。彼らがあなたを望んでいると言うとき、それはさらに良いです。

友交: これは、あなたの親友を呼び出し、一緒に遊ぶことができます楽しい、愛情のあるパートナーを持っている必要があります。あなたがいつもそばにいて楽しむことができます。あなたのためにあなたを好きなパートナー。2人の切っても切れない人々のパートナーシップ。

競争 力: 競争し、勝つ必要性は、それはあなたの仲間とのゲームであろうと、単にあなたのチームを応援しているかどうか、アドレナリンラッシュです。ラッシュを引き起させるのは勝つという考えです。ずっとエンドルフィン、赤ちゃん!それは自然な高さであり、あなたが生きていると感じさせます。しかし、あなたのパートナーと競争しないでください.ただ言うだけ。

物事を修正する: 口頭で何かを修正したり、物理的に修正したりする場合でも、それを成し遂めるのはちょうど良い感じ。あなたがそれを成し遂げたら、それはあなたのエゴへのストロークです– あなたはこれを持っています!あなたが今何をしたのか手がかりを持っていなかったとしても、それはとても気持ちがいいです。だから、唯一の肯定的なフィードバックはここで望む!

寛容: 許す必要性は、それがなければ怒り続けるので重要です。赦すことができることは、精神的自由の一形態です。それを混乱させないでください。あなたが他の重要な活動を進めることができ、心配しないように許すことが重要です。ここの内面のメッセージは悪いモジョではありません。問題を解決して許すのが早ければ早いほど、楽しみに戻るのが速くなります。

性: あなたの性生活は、肉体的、精神的、感情的に、あなたの全体的な幸福に影響を与えます。それはあなたがまだあなたのゲームを持っているように感じさせ、あなたが最高であるので、あなたは混乱する人ではありません。使わないと失われます。あなたのパートナーがこれを得ていない場合、彼らはこれが現実であることを理解する必要があります:あなたは生きていると感じるためにセックスが必要です。あなたのニーズは何か方法で満たされなければなりません。これらの特定のサイトは、自分で数十億を作ることはありません。彼らは助けを必要としています。

大きな考え方:人生の目的を促進したいですか?ただ、大きなことを考え、あなたの次の旅行、コンサート、取引、キャリアチェンジ、スタートアップ、またはあなたが待っていた何か他のことを夢見てみましょう。あなたの後ろにいて、あなたをサポートしているパートナーを持つことは金です。夢が押しつぶされるとき、あなたの自尊心もそうであり、証券を引き起こします。だからこそ、あなたの側に素晴らしいパートナーを持つことがすべてです。あなたが勝つとき、彼らはあなたと一緒にお祝いし、あなたの傷をなめ、物事が計画に行かないときに作品を拾うのを助けるためにそこにいます。大きな夢は時々再調整または調整する必要があり、場合によっては、すべてを与えて成功しない場合は、夢を手放して新しいものを見つけても大丈夫です。

おもちゃ、ガジェット、趣味やスポーツ: 充電時間は、あなたの幸福に力を与えながら、あなたの心身の健康を強化するのに役立ちます。それは単なる精神的な逃走以上のものであり、単なる休暇です。これらの活動は、あなたが目的を持って生きていると感じることができます。

ガス　　抜き:くつろいだり、発散し、心にダンプを取らせる必要性は、健康的な生活を送るために重要です。重要かつ重要でないトピックについてパートナーと話し合い、シャットダウンしないことが必要です。気づいていまいが、誰もが時々耳を傾ける必要があります。それはあなたを含みます!コースを進めるかオフにするかを検証する方法です。あなたのパートナーはあなたのサウンディングボードになります。聞き上手なパートナーに発散する素晴らしいところは、あなたを近づけることです。それはつながりと絆です。それは彼らのケアと愛を明らかにします。

あなたのパートナーがこれらの好きなものを尊重し、尊重するとき、物事は簡単であり、あなたは幸せです。これらの好きなもののいずれかが踏みつぶされると、あなたの反応は毎回同じです– 狂っています!

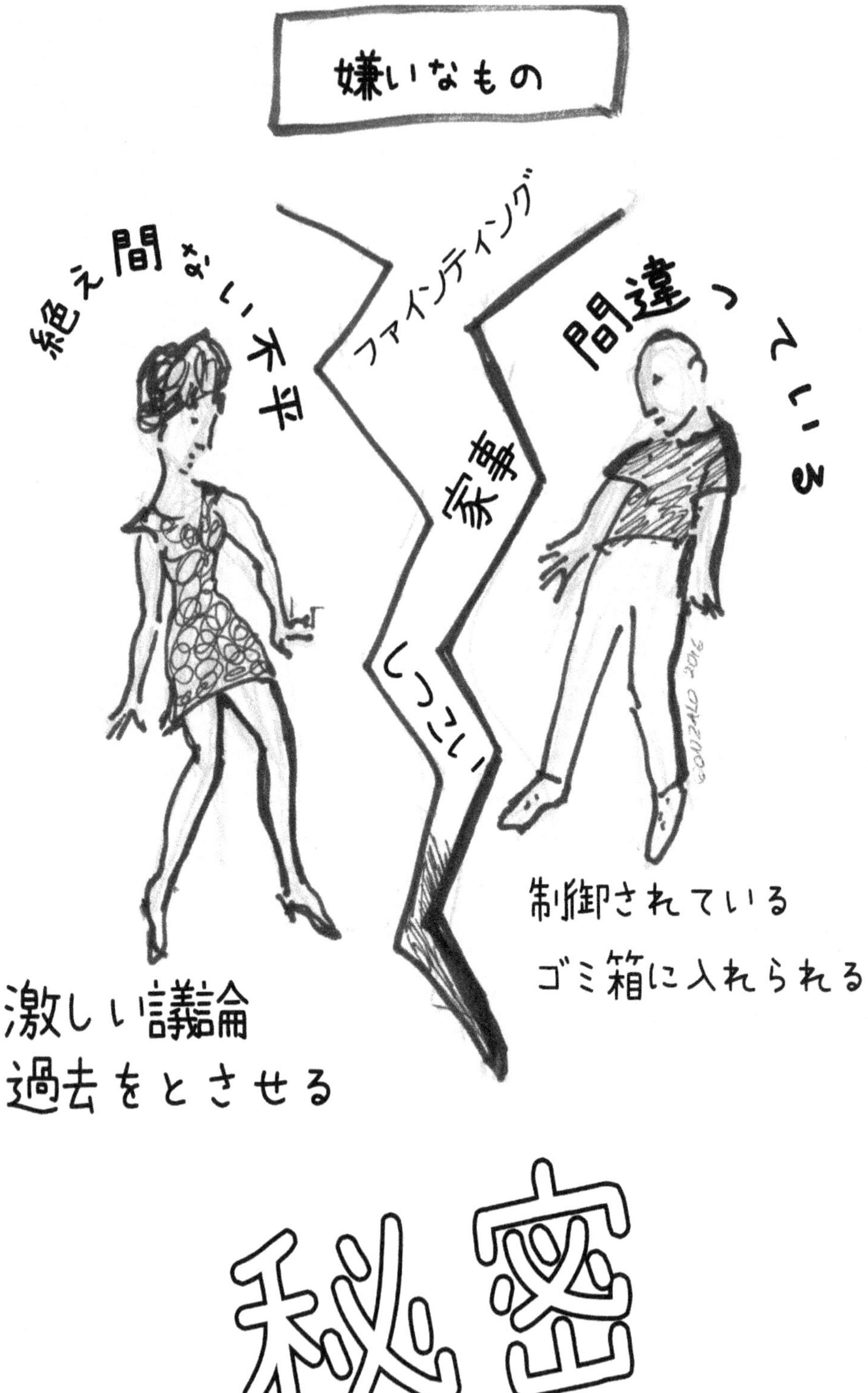
嫌いなもの
絶え間ない不平
ファインディング
家事
しつこい
間違っている
制御されている
ゴミ箱に入れられる
激しい議論
過去をとさせる
秘密
GONZALO 2016

必要2：
嫌いなもの

この第二の必要性は少し奇妙です。あなたが好きなものを尊重する必要があるのと同じくらい、あなたはあなたのパートナーがあなたが好きではないものの周りにあなたの好みを尊重することを期待しています。あなたのパートナーは、あなたが常にあなたが好きではないことを行うことを期待しているとき、それは爆弾が消えているように感じることができます。怒り、欲求不満、恨みのような否定的な感情が始まります。

ここでは、おなじみのと感じるかもしれないいくつかの一般的な好きではないがあります。

ゴミ箱に入れられている:ゴミ箱に入れられているのは、特に「私はあなたが仕事をした方法が嫌いです　–　それは半分嫌いでした」というようなタスクやコメントに関しては、あなたのエゴのいたるところにステップです。”そのプロジェクトはいつ、来年に完了するのでしょうか?”もっとうまくやれたのに次回は、彼らが何をしているのか知っている人を雇います!このようなコメントは、皮肉を出す以外に仕事を終わらせるものはありません。ブエノなし!

雑用:雑用が好きじゃないの?誰がしますか?子供の頃から”雑用”という言葉を聞くと、黒板に釘が聞こえるような感じで、丘に向かって走ります。そういうわけで、あなたはパートナーを得るのですよね?あなたがキックインしないとき、あなたはあなたのパートナーからそれの終わりを聞くことはありません。ほとんどの場合、あなたは彼らがあなたのお母さんのように感じます。彼らはただそれを世話することはできませんか?しかし、雑用を好まないことは、あなたの負荷の分担をスキップする言い訳ではありません。あなたが好きではないもの、あなたがキックインする方が幸せになる場所についてあなたのパートナーと話してください。

絶え間ない苦情: 誰かがいつも文句を言うのを聞くのが好きではないのか?一方のパートナーが常に否定的なときに、ポジティブで幸せであり続けるのは難しいです。コミュニケーションスキルを働かせる　一敬意を払う質問をして、これらの苦情の真っ最中の内容を得るためのサポートを提供しましょう。

激しい議論:叫ぶマッチやコントロールの喪失が好きではないのか?このような状況では、常にパートナーを軽蔑し、言うつもりはなかったことを言う傾向があります。時には、スローモーションで口から出てくる言葉を見ることがあります。その後、「OMG、私は何と言ったのですか?おや! 私たちは、その言葉を取り戻すことができればと思います，または彼らは私たちの人生の残りの部分のために私たちを悩ませます.

小言:簡単に言えば、小言は劣化し、刺激です。あなたのパートナーがあなたを口うるさく言うとき、あなたはそれを好きではありません。あなたがそれに値しない場合は、なぜ彼らが本当の理由もなくあなたに嫌がらせをしている理由をあなたのパートナーに尋ねてください。しかし、あまりにも防御的になる前に、それについて考えてください。深いところでは、あなたがそれを引き起こしたので、あなたが小言を言っていることを知っているかもしれません。あなたは誤った期待を設定しましたか、それともコミットメントを通して来ませんでしたか?なぜその家のプロジェクトを終えなかったのかについて、次々と言い訳をしましたか。一方、あなたのパートナーは、あなたの楽しい活動のための時間があることを気づきます。

ラケットボール効果:あなたがボールを打つとき、あなたはそれが好きではない、それはすぐに戻ってあなたを打つ。たとえば、会話中で、「親友は好きではない」というようなことをさりげなく滑らせたとします。すぐにあなたのパートナーはすぐにそれをロブ:彼らはあなたの友人の誰も好きではありません。またはこれを認識しますか?あなたはパートナーを約束に持ち続けており、文を終える前に、彼らは彼らの精神的なファイリングキャビネットに行き、あなたが守らなかった何年も前に行った約束を打ち出します。これは、彼らが10分前に自分の鍵を置く場所を思い出せない同じ人であることを気にしないでください。それがラケットボール効果です。

過去:あなたのパートナーは、関係の中で彼らを悩ませたすべての日付、時間、分を思い出すことは間違いなくパートナーシップにダンパーを置きます。過去の問題を持ち出し、現在の問題と混ぜることは最悪です。

白い嘘:あなたは白い嘘をつくのは好きではありませんが、呼び出されたり怒鳴られたりするよりも簡単ですか?これは通常、意見の相違がある場合に起こり、パートナーがあなたが満たしたり満足したりできないという不合理な要求をしていると思ったときに起こります。だから、白い嘘が始まります。それはあなたの行動とそれに伴うがらくたを説明することなく、独立した意思決定を行う必要性から生じます。

私のパートナーの私に対する意見は、
常に誰よりも重要です。

私が吸うもの

助けを求める
やりたくない活動をする
あなたが間違っていることを認める
タスクの完了
詳細
長い会話
説明責任を果たす
家事

必要な3:
私が吸うもの

この第三の必要性も奇妙です。あなたが吸うものは、好きではないのと同様に、あなたの決定に満足できるように尊重されなければならない。あなたが吸うことを余儀なくされると、あなたの子供時代の不安のすべてが始まります。あなたは過去のすべての時間を思い出します, あなたは十分に良い感じがしなかったこと.

アンソニー・ブルダンはかつて「『吸う』の反対は何ですか?吸う?あなたが領土で吸っているとき、それは問題です。簡単な方法はありません。

あなたは状況でこの一般的な吸引のいずれかに関連していますか?

あなたが間違っていることを認める:これはあなたが悪い選択をしたことを受け入れることに相当します。しかし、あなたは部屋の中で最も賢い人です – どうして間違っている可能性がありますか?あなたのパートナーがあなたが間違っていると指摘すると、それは特に痛いです。聞くのは恥ずかしいことだし、「私は間違っていたという言葉を聞くことを要求するパートナーほど劣化するものはありません。

助けを求める:挑戦的な家のプロジェクトを手伝ってくれてありがとう、YouTube。しかし、インターネットがダウンしている場合はどうなりますか?あなたは何をしますか?あなたの答えを得た。あなたのプライドは助けを求める邪魔になるので、何もありません。なぜでしょうか。なぜなら、あなたはそれを吸うからです!

タスクの完了: 時間や時間の間にタスクを完了する方法を確認しますか。タスクが大きな報酬を得ない限り、それは優先事項ではありません。犬は御馳走を期待し、耳の後ろの傷は決して痛くありません。良い行動に報いるパートナーは決して痛くありません。だから、あなたが良い行動のための御馳走で報われるようにしてください。それ以外は、タスクの完了を吸うだけです。

詳細:あなたは詳細に吸うだけですか?詳細を扱うには時間がかかりすぎます。短く、素早く、そして勝つところまで、入って出て行け。私たちは瞬間的な満足感が当たり前の世界に住んでおり、マルチタスクはピザを注文して同時にゲームを見ることを意味します。他のものはあまりにも詳細であり、私たちはそれを吸うだけです。

長い会話:あなたのパートナーが長い会話をする必要があるとき、それは応答時の吸い込みがトリガーされたときです。あなたのパートナーがトピックの詳細を説明したいとき、あなたがすべての手紙を聞くことを望むとき、あなたは甘くて短い情報を必要とする注意スパンを持っていますか?詳細が役割を果たす必要がある場合、心はマルチタスクに過ぎません。例えば、彼らは話していて、私たちは耳を傾けているだけでなく、ピザに何が欲しいかを考えています。それは勝利/勝利ですよね?私はまだ聞いています。

自分自身に意見を保つ:それは不可能です。あなたが意見を持っているなら、それは何か別の方法で出てきます。

私が嫌うもの

セックスを懇願する
制御されている
操作されている
自分の後に拾う
言葉を聞くには、話す必要があります
何をすべきかを言われている
怒鳴られる
GONZALO 2016

必要な4:
私が嫌いなもの

あなたのニーズのこの4番目と最後の1つも奇妙です。あなたがあなたのパートナーと幸せになるために尊重される必要があるのは、あなたが嫌うものです。嫌いなことを強いられたら、ヘイトの必要性が引き起こされます。吸うと自尊心の問題を引き起こす可能性があるところでは、憎しみはあなたを怒りと怒りにまっすぐに連れて行きます。

ここでは、いくつかの一般的な憎悪の状況があります。正直に言ってください。あなたは関係を持つことができますか?

セックスのために物乞い:セックスのために懇願する必要性は、憎しみの必要性を引き起こすためにトップランキングを打ちます。あなたのパートナーがあなたを切り捨てるか、それを頼む必要があるとき、あなたはその時は普通の人ではありません。あなたは自分自身がふくらんで物乞いをするかもしれません。あなたは単に惨めです。あなたはあなたのニーズを満たすためだけに他の人に望まないことをするでしょう。誇り、謙虚さ、自己価値はすべて窓から投げ出されます。あなたの性的ニーズが満たされたら、あなたは他の方法を見て、自分自身を払いのけ、あなたが中断した場所を拾います。

管理されている:あなたのパートナーがすべての決定を下し、あなたに耳を傾けておらず、見返りにバランスのとれた責任を負わない大きな期待を持っている場合、あなたは制御されています。あなたは決して言っていないような気がします。それは無能な感じです。

操作されている:誰が操作されるのが好きですか?繰り返しますが、誰もいません。憎しみの核心が引き起こされるのはそのためです。あなたは操作されることを嫌い、それはあなたが状況を制御したことがないことを意味するので、裏切られるのが好きではありません。さて、私が憎しみが必要だと言う理由を理解していますか?

あなた自身の後にピックアップ:一部のパートナーは、「私はあなたのお母さんではありません」というフレーズであなたの後を拾うことに反対します。私たちのほとんどは、私たちの母親との関係について敏感なので、私たちはまだ基本的なケアのために彼女を望んでいるか、必要としていることを示唆することは問題です。

私たちは話す必要があります:4つの言葉は、その4つの言葉のようにパートナーの心に恐怖を打ち込む ー“私たちは話をする必要があります。”

次に、この 4 つのカテゴリに分類される項目について考えてみましょう。初めて自分に認めないことがあるかもしれません。その後、パートナーと共有するので、パートナーは同じページに表示されます。あなたのパートナーがすでに知っていると仮定しないでください。ここでの目標は、お二人があなたのニーズを認めるためです。

次に、パートナーのコアニーズに対応しましょう。あなたは関係の切断の真の原因を理解する途中です。パートナーのニーズを知り、対処する方法を理解したら、あなたはあなたの方法です!

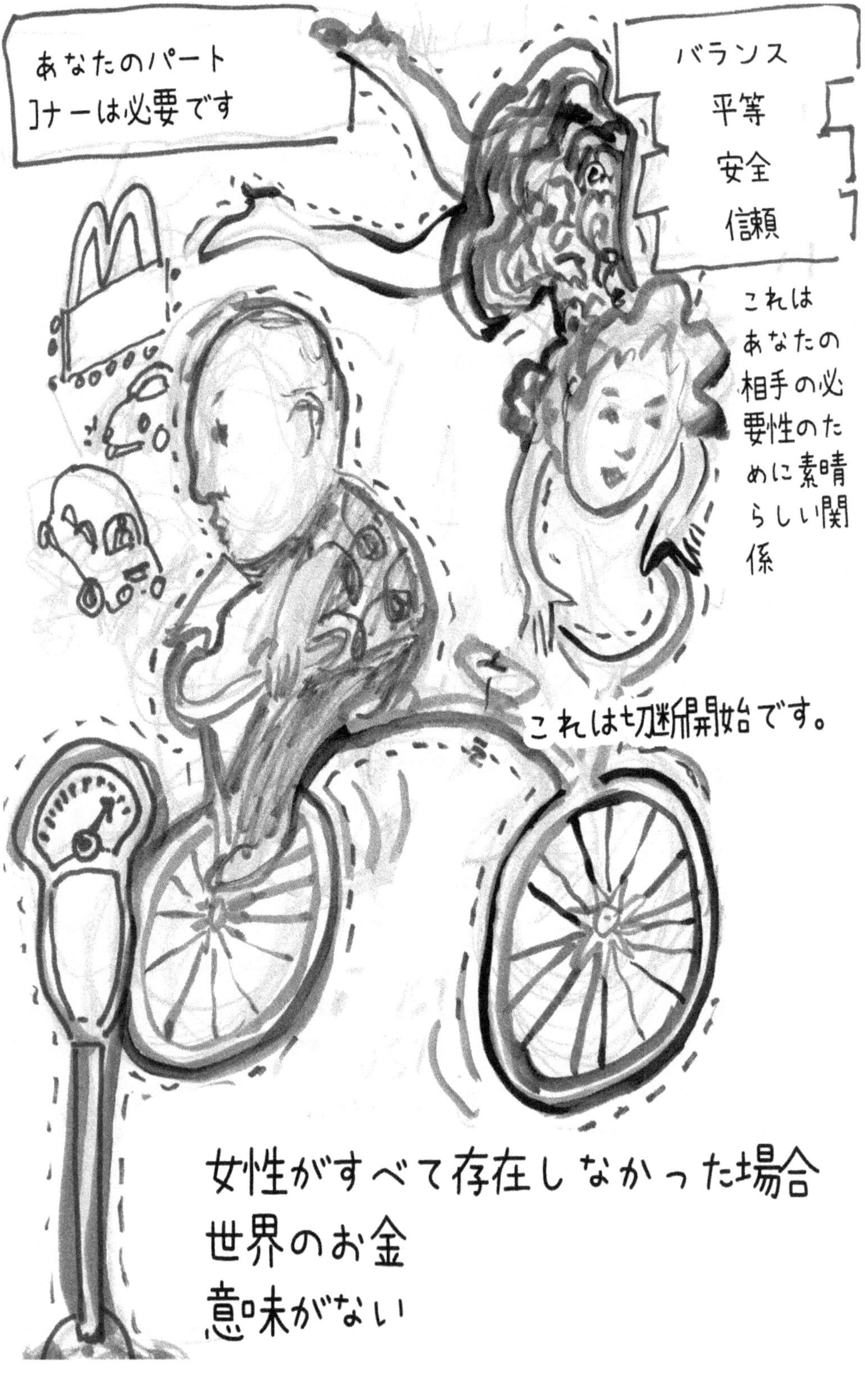
あなたのパートナーは必要です
バランス
平等
安全
信頼
これはあなたの相手の必要性のために素晴らしい関係
これは切断開始です。
女性がすべて存在しなかった場合
世界のお金
意味がない

第6章:
あなたのパートナーが幸せになる必要がある

**パートナーがニーズを満たすのを助けるとき、
あなたはできる限り最高のパートナーになります。**

あなたのパートナーを幸せにしたくないですか?愛、尊敬、友情を持ってパートナーを見たくないですか?あなたのパートナーに、あなたが重要な唯一のもののようにあなたを見て欲しくないですか?あなたのパートナーがあなたを頼りにできることを知られたくないですか?あなたのパートナーに、あなたが本当に彼らを守ってくれる人になることを知られたくないですか?そして、この章は素晴らしいパートナーシップへの秘密のソースです。パートナーシップが失敗する理由に関する最も簡単な説明は、パートナーのニーズが満たされていなかったためです。私たちはあなたのパートナーがダニを作るものと彼らが何を考えているかについて話します(パンドラのボックスを開かずに)。

パートナーの4つのニーズは、あなたの橋への柱であることを覚えておいてください。あなたのニーズが満たされると、基盤は強いです。あなたのパートナーの柱は橋を立たておいてください。橋を持ち上げて、家ですべてをスムーズに走り続けるのは、通常あなたのパートナーです。基礎や柱が強ければ、橋も強いです。

ここに柱があります。あなたは彼らの頭字語でそれらを覚えることができます:ベスト。パートナーがこの 4 つのニーズを満たすのを支援すると、可能な限り最高のパートナーになります。

- **秤**
- **平等**
- **安全**
- **信託**

あなたの仕事は、あなたのパートナーの柱が損傷を受けないようにすることです。あなたの役割は、パートナーのニーズを尊重し尊重することです。そのためには、パートナーのニーズをサポートする必要があります。それはあなたが犯してきた4つの間違いを理解することから始まります。この電球が点灯すると、あなたが行う選択でパートナーにどのような影響を与えるかを理解します。今、あなたとあなたの関係のために新しい旅を始めることができます。

真実は、あなたの行動を変更する必要があります。あなたが基礎であることを覚えておいてください。基礎は最初に落ち着かなければなりません。これは、ニーズが満たされていない理由を理解した場合に始まりますが、パートナーのニーズが満たされていない場合、あなたのニーズを満たす方法もありません。これを手に入れたら、私たちはついに幸せなパートナーシップを持つことについて同じページに立っています。あなたが反対するなら、私が言うことができるのは幸運だけです。

各柱は、発生する日々の問題の影響を受けることを学びます。あなたが肯定的で協力的であれば、柱は影響を受けません。あなたが否定的で反応しない場合は、柱に損傷を与えます。ネガティブで反応しないほど、亀裂が増えます。亀裂が多ければ多いほど、柱は弱くなります。4本の柱がすべて弱い場合、あなたの関係は転落する可能性があります。あなたの仕事は、柱に亀裂なしで橋を維持することです。

あなたが亀裂を検出する可能性のある1つの方法は、あなたのパートナーがあなたの注意を引くために作る騒音です。あなたはそれを口うるさいと呼ぶかもしれません。あなたのパートナーが常にあなたの上にある場合は、何を推測し、あなたは修正する亀裂がたくさんあります。もちろん、あなたはそれらを無視し、あなたが瓦礫を残すまで、痛みを伴う、戦いの生活を送ることができます。

各柱を修正することは、最初に注意と多くの作業を取ることを理解してください。しばらく点検されていない橋と考えてください。それは一晩のプロジェクトではありません。各柱はユニークで、それらを修正するための特定のツールとスキルが必要です。あなたが平らな頭が必要なときにプラスヘッドドライバーを使用して問題を解決しようとしている場合、それはちょうど動作しません。次の章では、そのすべてに取り入ります。

良いニュースは、これらの柱は一度に1つの亀裂を修復することができるということです。深い亀裂には時間がかかりますが、慎重で一貫した努力と適切なツールがあれば、常に希望があります。希望は、あなたのパートナーの人生の最大の贈り物の一つです。希望がなければ、あなたのパートナーはずっと前に行っていたでしょう。

それでは、パートナーの4つのニーズに入り、各柱を支えるために何が必要かを考え始めましょう。各柱が蓄積した損傷の量を評価する前に、少し減速しましょう。この章を読むときは、過去の経験を振り返って、パートナーのニーズを無視した可能性のある場所を理解してみてください。

残高

PHONE
夕食時に
電話を切る
彼らが家に帰ったらあ
なたのパートナーに
ただ話させてください
ロマンス

質の高い時間は
重要です

スポーツと趣味はバ
ランスが必要です

パートナーの問題を解決し
ないでください
良い聴衆になる

必要/柱1:
バランス

不均一な柱は不安定で不安定な橋につながり、橋のように不均衡な関係が崩壊する危険性があります。バランスとは、夕食、掃除、洗濯、食料品の買い物、子供たちを寝かしつろいでいるときなど、サポートが必要なときにパートナーのために足を踏み入れることができることを意味します。あなたのパートナーが通常これらの活動を行い、彼らが疲れ果てているのを見つけた場合は、尋ねられることなく飛び込むことを知っておくべきです。バランスの柱の亀裂を修正するための鍵は、第2章で説明したように、あなたのパートナーを無視して無視するのをやめることです。

関係バランスに影響を与える犯人

関係バランスは、誰もが直面しているこれらの要因の周りに挑戦されています。次の章では、毎日のツールに取り入ります。

- **家族**
- **フレンズ**
- **習慣**
- **健康**
- **趣味とスポーツ**
- **キッズ**
- **ガス 抜き**
- **仕事**

私は関係のバランスに影響を与える「手荷物」の問題と呼ぶより複雑な問題があります。彼らは

- **中毒**
- **鬱病**
- **決して十分ではありません**
- **トラウマ**

この本は、最も使用される毎日のツールの　　　　いくつかをカバーしています。その他のツールと　　手荷物の問題については
www.あなたは正しい私は間違っている.jp

バランスの取れた関係とは、チームワークが必要な状況で一緒に来ることです。これらは、パートナーがあなたのパートナーシップの状態を積極的に反映し、彼らがその健康に自信を持って感じるように促す瞬間です。安定した溝を見つけることは、バランス、平等性、セキュリティ、そして新しい規範への信頼を生み出すのに役立ちます。あなたの関係のバランスを見つけることができるとき、あなたは同じ呼吸で”私は私の人生と私のパートナーを愛しています”と言うことができます。二人は共生する。

バランスを取ることは、パートナーが職場で非難されたり、家族の中で悲劇を起こしたり、天候の下で感じたりして、通常のTo Doリストを完成させるために苦労しているときにステップアップすることを意味します。それは支援するために率先して取っています。あなたのパートナーに尋ねさせてはいけません。ただ、子供たちをピックアップし、サッカーの練習にそれらを取る、夕食を調理する、または家の雑用を行います。目の前の仕事が何であれ、出席してください。これはバランスのとれた家庭と関係を作成します。

パートナーシップを結ぶのはギブアンドテイクです。それは両方の道を行く – 関係の陰と陽。おそらく道教で最もよく知られている哲学である陰/陽は、2つの半分が一緒に何かを丸ごと作るという考えを教えてくれます。また、変更の開始点も示します。

例を挙げます:土曜日の朝で、その夜は25人の友人のためのディナーパーティーを開きます。パートナーシップが最高のパフォーマンスを発揮する時期はここにあります。あなたとあなたのパートナーの両方があなたの役割をすでに知っていて、それはすべて滞りなく消えます。これは、50/50　パートナーシップの実際の表示です。あなたのパートナーは、家を設定し、あなたがいくつかの音楽を入れて、グリルを開始しながら、ゲストに挨拶を開始します。夕食が終わったら、一人が皿を片付け、もう一人はコーヒーの準備をします。すべてが終わる頃には、肉体的にも精神的にも疲れ果てていますが、このプロセス全体を通して比較的ストレスが少なく、ディナーパーティーを完全に楽しむことができました。そのとき、あなたとあなたのパートナーが常にこのようなバランスのとれたパートナーシップを持つとは限らない理由について、言い訳はありません。

自分自身に尋ねる質問:あなたのパートナーシップでそのレベルのバランスを持つ方法は何ですか?趣味やスポーツに夢中になるとバランスが取れていると思いますか?体調を維持することは一つのことですが、毎週末ボウリングやソフトボールリーグ、サッカー、ゴルフ、その他の活動でプレーしている場合は、家に帰って次々と試合に集中し、夕食を食べながらファンタジー野球やサッカーチームに取り組む場合は、バランスを取る時間がありません。日曜日の朝、あなたがゾーンアウトとしてスポーツコメンテーターに耳を傾けている場合、あなたのパートナーは時間を得る。これはバランスの取れたパートナーシップではありません。何かが道を譲る必要があり、うまくいけば、それはあなたのパートナーではありません。

第2章では、パートナーとして最初に犯した間違いは、あなたのパートナーを無視するか無視することだ、と説明しました。これはバランス柱に直接影響を与えます。だから、毎日の問題に関しては、パートナーのバランスの柱が損なされないようにするのがあなたの仕事です。

平等

あなたのパートナーの
声が聞こえる

必要性/柱2:
平等

関係において、平等とは、パートナーの考えや意見、提案を尊重し、相手が声を持っていることを保証することを意味します。あなたのパートナーは、あなたが彼らのために行うことを認めます。その代わりに、パートナーがあなたのために行うすべてのことをパートナーに認めます。あなたのパートナーが完全にオープンで正直である場合、相互尊重は、あなたが同じように自分自身を行う必要があります。相手を、相手に対して、あなたが望む、あるいはより良く扱うようにしましょう。そうして初めて、あなたは平等なパートナーシップに向かっています。平等の柱の亀裂を固定する鍵は、第2章で議論されているように、パートナーシップの権利を感じるのをやめる方法です。

関係の平等に影響を与える犯人

正しく対処されない場合は、パートナーシップに影響を与える可能性のある毎日の問題を次に示しま。次の章では、毎日のツールに取り入ります。

- **引数**
- **競合の回避**
- **信念**
- **感謝の欠如**
- **相互尊重**
- **自分勝手**
- **責任の共有**
- **声**

平等に影響を与える手荷物の問題は

- **言質**
- **スコアを維持する**
- **共依存**
- **恨み**

この本は、最も使用される毎日のツールのいくつ　かをカバーしています。その他のツールと手荷物　の問題については.

www.あなたは正しい私は間違っている.jp

平等の反対は不平等です。あなたが彼らが言っていることに同意しないとき、それはあなたのパートナーを中断または話しています。不平等は、すべての決定があなたを通して来る必要があるという信念です。不平等は、あなたのパートナーが友人、家族、またはゲストの前であなたの周りのピンと針の上を歩くときです。不平等は、あなたが叫んだり、物事を非難したり、あなたの主張をするために部屋から嵐を吹き飛ぶときです。不平等は、問題を議論する際にパートナーに"理解できない"と言っています。

両当事者は、権利の感情を避けるために、私が協力行動と呼ぶものを提出し、実践する意思を持っている必要があります。繰り返しますが、ここであなたのエゴをドアに残す必要があります。

例えば、あなたのパートナーは通常夕食を作りますか?ある夜、あなたが家に帰ってきて、あなたのパートナーが家にいないことをしましょう。あなたの最初の反応は何ですか?あなたの答えがあなたのパートナーを呼び出し、彼らが夕食を作るために家に帰る時期を尋ねることである場合、あなたは失います!あなたの答えが自分のためにテレビの夕食に飛び込み、ビールをつかみ、ゲームをオンにする場合は、あなたが勝ちます!冗談です。あなたも負けます。答えは、あなたのパートナーが行うのと同じように、台所に入って夕食を作る方法です。

家の中に食べ物や食料品はありませんか?あなたはあなたの車に乗って、ちょうど食料品店に行くと食料品を買います。その後、家に帰ってレシピを読み、夕食を作ります。あなたが賢いなら、あなたのパートナーが家に帰ってきたら、あなたは彼らを逃したと言い、彼らにキスし、夕食を提供します。完了したら、すべてをクリーンアップします。それは平等、それはパートナーシップ、それは愛です。あなたの勝ち!

平等とは、尊敬とパートナーのニーズと声をあなたと同じくらい重要にすることです。あなたが扱われたいようにあなたのパートナーを扱います，期間.友達と外出していて、パートナーの言っていることに同意しない場合は、邪魔しないでください。特にあなたが反対する場合は、パートナーを終わらせましょう。誰も中断されたり、話しかけられたり、さらに悪いことに怒鳴られたりすることを望んでいません。意見の相違は、試合を叫んだり、低い打撃を受けたり、失礼なことをする必要はありません。2つの半分は全体に等しく、それは50/50の分割です。75/25ではなく、すべての決定の75%を行うことを意味します。写真を手に入れる?

叫んだり叫んだりする方法を学ぶことは、通常、過去からの悪いプログラミング習慣であり、決して前進すべきではありません。それは機能不全の環境のための部屋を与える。ここでの目標は、パートナーの世界を揺るがす。あなたのパートナーをよく知るために、あなたは彼らがそれを知る前に彼らが必要なものを予測します。これは本当に可能です。私はそれを証明しました、そしてそれは私が彼らをよく知っていることを私のパートナーを怒らせます。その目標を達成すると、パートナーが友人や家族と話すのを止めることができない人、そして彼らが本当に愛する人になります。

安全

感情的なサポートは必須です
境界を設定する
経斉的リスクを取るのをやめる
あなたのパートナーを怒らせるのをやめなさい
操作を停止します
GONZALO

必要/柱3:
セキュリティ

パートナーは、自分自身になり、公然とコミュニケーションを取り、感情的に安心できるとき、関係に安心感を与えます。パートナーシップにおけるセキュリティの欠如は、疑い、混乱、嫉妬、悲しみなど、いくつかの複雑さを引き起こす可能性があります。セキュリティの柱の亀裂を修正する鍵は、第2章で説明されているように、パートナーシップに誤った期待を設定するのをやめることです。

関係セキュリティに影響を与える犯人

正しく対処されない場合は、パートナーシップに影響を与える可能性のある毎日の問題をご紹介します。次の章では、毎日のツールに取り入ります。

- **感情的なサポート**
- **愛された気持ち**
- **ファイナンス**
- **嫉妬**
- **マニピュレーション**
- **ストレス**
- **癇癪**
- **重量**

関係のセキュリティに影響を与える手荷物の問題は、

- **濫用**
- **金融**
- **許し**
- **自尊心**

この本は、最も使用される毎日のツールのいくつかをカバーしています。その他のツールと手荷物の問題については、
www.あなたは正しい私は間違っている.jp

パートナーがあらゆる面で安心できるように、人生の目標の一つでなければなりません。あなたがいちゃついたり、他の人と過度に友好的であったりした場合、それはあなたのパートナーが嫉妬するためのトーンを設定することができます。お金を無駄にしていた場合は、パートナーのセキュリティの必要性を引き起こす可能性があります。

関係のセキュリティは、パートナーが完全にパートナー化されたサポート　システム内で独立して行動する権限をパートナーが与えるときに起こります。これは、精神的、感情的なバランスを維持します。"パートナーに寄りかかっている"という用語は、セキュリティの柱を修正または維持するための比喩的なアプリケーションと文字通りのアプリケーションの両方を持っています。それはあなたが精神的、肉体的、感情的に、苦難を通して耳を傾け、話すことを意味します。

あなたのパートナーがあなたの関係に安全でない場合、それはあなたがそのトーンを設定したからです。これを聞いて最初の反応は、反対するかもしれません。次に、あなたは防御的、怒りや不満を感じるかもしれません。しかし、それは本当です。それはあなたのパートナーシップであなたのパートナーの安心感を再生することができる小さな掘り下げ、侮辱、および不満のコメントです。

たとえば、パートナーの体重が自意識過剰になるのは分かりますが、それでも自分の感情で遊ぶワンライナーと言います。または、彼らが買い物に何時間も費やすとき、家に帰って、彼らがどのように見えるか尋ねると、あなたは彼らが選んだものは何でも好きではないと言います。これはすべてパートナーのセキュリティにおいて役割を果たします。パートナーに力を与え、パートナーに愛されたり劣化させたりして、自意識過剰で不十分な気分にさせるという完全なコントロールを行っています。だからこそ、あなたの答えが賢明ではないのは責任があるのです。否定的なコメントをする代わりに、肯定的なコメントをするか、パートナーのセキュリティの柱にひびを入れることができます。

また、パートナーと意見の相違があり、友人の前でパートナーを劣化させ始めるとき、あなたは彼らの恥ずかしさと不安の犯人です。だから、次回はハフ、パフ、そして家を吹き飛ばす前に、ただ立ち止まってパートナーを敬意をもって扱い、会話をしてください。

パートナーが安心するには、財務上のセキュリティが必要であることを理解してください。たとえば、多くのお金を節約し、今はあなたのお金を投資したいが、あなたのパートナーはそれが危険だと感じています。それは夢を見て大きく考えるあなた自身の必要性に影響を与えるので、これは触り心地の良いものです。あなたのパートナーは、あなたが念頭に置いているよりも安全な投資にそれを置くべきだと感じています。ここにジレンマがあります。あなたがあなたの動きをした場合、あなたはあなたのパートナーのセキュリティの必要性を引き起こし、そうでなければ、あなたの好きなニーズを引き起こします。妥協とコミュニケーションに関するレッスンが始まる場所です。これは、与え、取る方法を学ぶ必要があります覚えておいてください。時には、あなたの夢を実現することができ、時には、あなたのパートナーが彼らの夢を実現するのを助ける必要があります。パートナーシップにセキュリティをもたらすことで、支援を行う仕事にしてください。

信頼
お金の問題
信頼
ホワイト・ライズ
源泉徴収情報

必要/柱 4:
信託

信頼がなければ、あなたは本当に何を持っていますか?

信頼関係を築くには信頼が必要です。信頼が不足している場合、それは不安定なパートナーシップをもたらします。信頼関係は最も重要な関係のニーズです。信頼柱は、損傷するとすべての柱に同時に影響を与える可能性のある体重を支える柱と考えてください。実際の回復不可能な欺瞞では、あなたの橋は羽を持たないかもしれません。信頼の柱の亀裂を修正するための鍵は、第2章で説明されているように、嘘と秘密を止めることです。

関係の信頼関係に影響を与える犯人

正しく対処されない場合は、パートナーシップに影響を与える可能性のある毎日の問題をご紹介します。次の章では、毎日のツールに取り入ります。

- **境界**
- **整合性**
- **懇意**
- **ライフスタイル**
- **関係ダイナミクス**
- **第二推測**
- **テクノロジー**
- **白い嘘**
-

関係の信頼関係に影響を与える手荷物の問題は、

- **放棄**
- **せつだん**
- **ダブルライフ**
- **深刻な嘘**

この本は、最も使用される毎日のツールのいくつ
かをカバーしています。その他のツールと
手荷物の問題については、
www.あなたは正しい私は間違っている.jp

尊敬と同様に、信頼は相互でなければなりません。パートナーを信頼できると信じるべきです。信頼がなければ、あなたのパートナーに関する疑惑が忍び寄ります。信頼はあなたの関係に自由をもたらす。信頼が存在しない場合、否定的な仮定は、あなたのパートナーシップに制限を課す証券につながります。不信感は核心に深く切り込む可能性があります。パートナーが問題が発生したときに過度に制御できるようになるのはそのためです。白い嘘が単なる白い嘘ではないのも同じ理由です。彼らは常に欺瞞の指標です。白い嘘に巻き込まれると、大きな戦いに変わるのはそのためです。

誰も盲目になるのが好きではありません。嘘は信頼を侵害する。パートナーの信頼が侵害されると、その信頼を取り戻すために苦労する可能性があります。一部の関係は、その信頼を破るために何かが起こるまで、最初からお互いに信頼を置きます。他の人は、彼らの関係に逆方向に動作し、徐々に時間をかけて信頼を構築します。後者のシナリオでは、信頼は期間にわたって獲得され、両方のパートナーが疑いの影を超えて”私はあなたを信頼しています”と言うことができる前に、さまざまなテストを通じて測定されます。

あなたのパートナーがあなたをなだめようとしたとき、あなたの人生の時を思い出しましょう。なぜ彼らはそれを疑ったのですか?なぜなら、彼らはあなたが何かを抑えていると言うことができたからです。彼らは、あなたが何を言うかを見るために、彼らがすでに答えを知っていたことについてあなたに質問しました。これをホワイトリーテストと呼びましょう。定期的に、あなたが正直であるかどうかを確認するためにこれらのテストを受けるでしょう。あなたが正しく答えるなら、人生は素晴らしいことです。失敗した場合は、知らず知らずのうちにパートナーに警戒し、追加のテストを行う許可を与え、電話や電子メールをチェックする必要があります。あなたは基本的に台無しにしました。関係においてより良い判断を使用するようにしてください。

あなたはオープンブックになる必要があります。

あなたのパートナーにすべてを伝えることによって、あなたはオープンブックになります。あなたのパートナーが何らかの理由で不安を感じ、隠すものが何もない場合は、オープンブックであることは、パートナーシップに信頼を取り戻す最速の方法です。パートナーが電話やメールにアクセスできるようにします。これはあなたのパートナーに安心を与えるでしょう。それはどんな心配も解決するでしょう。これを行うと、自由が取り戻されます。
あなたの頭の中で保存する必要があるレッスン:あなたのパートナーが同じ部屋にいた場合に行わないことをするのは間違っています。言い換えれば、あなたのパートナーがあなたの隣に立っていたら、あなたは他の人にテキストメッセージを送りますか?答えが「いいえ」の場合、それは間違っていて、境界を越えて不正行為の灰色の領域に移動しました。あなたは同僚にいちゃつくテキストを送ったり、他の人に個人情報を与えたり、元の人と対応したりしていますか?その後、停止します。あなたがやっていることは信頼を侵害することだけです、そして、あなたはあなたの自由を失うでしょう。

別の種類の信頼について話しましょう。配管、改造、車の作業などのタスクを完了すると、パートナーがあなたを見ていること、ストライプを獲得し、これらのプロジェクトを完了したときに信頼を築くことを理解してください。プロジェクトが複雑になるほど、より多くのストライプを獲得できます。一方、プロジェクトを完了したり、ずさんな仕事をしていないとき、何を推測しますか?ストライプはなく、タスクを完了したにもかかわらず、パートナーの信頼を失います。あなたのパートナーは、”私はあなたを信用できない”などの言葉を使ってあなたを呼び出したり、”仕事を終えるために他の誰かを雇ってみませんか”と提案します。仕事が未完成のままである時間が長ければ長いほど、パートナーはそれを成し遂げるためにあなたの能力に疑問を持つでしょう。クレイジーなのは、ほとんどの人が信頼の問題を未完成のプロジェクトと同一視しないことです。あなたが何かをするつもりだと言うとき、それをしてください。さらに重要なことは、それを完了します。オーバーアチーバーになる。あなたのパートナーがあなたを信頼できるように、素晴らしい仕事をすることに懸命に取り組みます。

リセット
ボタン

望みがある
リセット
ボタン
GONZALO 2016
うわーそれだけ
25年かかりました
私の男を取り戻すために

パート3:
パートナーシップを取り戻すためにリセットする

関係のバランスのための毎日のツール

重さ
境界
悪い習慣
ストレス
責任の共有
2番目の推則
趣味とスポーツ
ライフスタイル
ホワイト・ライズ

第7章:
関係のバランスのための毎日のツール

あなたはアルバート・アインシュタインの有名な引用を聞いたことがあります:”狂気は何度も同じことをして、異なる結果を期待しています”あなたは非常識ではないので、今は自分のやっていることを変え、関係の結果を変えることができます。

ここまで進んだところで、リセットプロセスを始めましょう。しかし、ツールに飛び込む前に、ほんの少しの休憩を与えてください。走りに行く、瞑想.ストレス、相手の否定的な考え、または単に怒っている手放すために必要なことは何でもしてください。あなた自身に休憩を与えるので、あなたはリフレッシュし、肯定的な視点でこれらのツールに戻って来ることができます。

これはあなたが待っていた部分です:あなたの橋を修理するためのツール。あなたのパートナーの4つの柱を修復し始める場所は、今ではかなり簡単でなければなりません。この章では、日々の問題の例、あなたとパートナーが考慮すべき質問のリスト、および実用的な改善のためのツールを紹介します。

この章では、最上位レベルの問題について　説明します。その他の例、ツール、　　アドバイスについては、
www.あなたは正しい私は間違っている.jp

質問は、そのああハのためのチャンスです!一瞬。あなたとあなたのパートナーの答えに驚く(そして魅了される)かもしれません。質問は、互いの判断ではなく、お互いについてより多くを発見するための本当のテストであることを覚えておいてください。相手との回答が良い、悪い、無関心か、同意するか反対するかにかかわらず、両者が同じ競技場で始まるのに役立ちます。ここでの目標は、橋を修理するか、より良く維持することです。

あなたが傷つき始め、あなたのパートナーのコメントを怒り始めたら、一歩下がって後でそれらを再訪してください。事実、日々の問題のいくつかに取り組むと、過去の恨みや痛みが生じる可能性があります。これは固定プロセスの一部です。将来より良いパートナーシップに進むことができるように、過去を認め、修正する必要があります。それらがすべて固定されるまで、一度に1つずつそれらに取り組む。

始めましょう!

友達

彼らがあなたのスペースを尊重するとき相手はあなたの友達が好きです。
友達はまた、困窮し、要求が厳しく、
不合理で利己的で、
それらを嫌うあなたのパートナー。

友情のバランスをとる

一緒にストーリーを書くことはできない
あなたが同じページにない場合。

友情は、あなたが良い感じさせる脳の部分に点火します。友人はあなたがストレスに対処し、より良い人生の選択をするのに役立ちます。友人はあなたを抑えます。彼らはあなたを根拠に保ち、あなたの士気を高め続けます。

パートナーは、あなたのスペースを尊重し、合理的で楽しい、そしてあなたのパートナーがそれらを受け入れることを容易にするとき、あなたの友人が好きです。友人はまた、困窮し、要求が厳しく、理不尽で、利己的であり、パートナーが彼らを嫌う原因となる可能性があります。うまくいけば、あなたは奇妙な時間に呼び出し、あなたが彼らと話すためにやっていることを落とすことを期待するような友人を持っていません。

あなたが注意していない場合、友人は関係を破壊する最も重要な能力を持っています。なぜでしょうか。長年にわたって築き上げられてきた絆と信頼のため。友人はあなたのパートナーに難しい決断に関するあなたの判断に疑問を持つことができます。あなたのパートナーの上に友人のアドバイスを取ることは、トラブルを求めています。

同様に、あなたの友人と共有する汚れた洗濯物の量を見てください。友達にアドバイスを求めるのも当然だ。しかし、あまりにも多くの友人とあまりにも多くの声は、特に非公開にする必要がある問題の周り、あなたのパートナーシップにとって危険なことができます。

だから、あなたは親友と競争する必要がありますか?あなたはしません。あなたは、友人がどのように共存すべきかについて、パートナーと同じページにいることを受け入れ、確認します。しかし、時には友情はバランスから抜け出したり、境界を越えたりします。これが起こった場合は、パートナーと一緒にそれを所有し、”あなたは正しい、私は間違っている”と言っても大丈夫です。

あなたとあなたのパートナーのための質問:

あなたは私の友人が好きですか?

私たちは、それぞれが電話や直接友人と過ごす時間に妥協していますか?

私たちの関係について友人とどれだけの情報を共有するかについて、境界は設けされていますか?

私たちの友人は私たちの境界を押し広げることはありませんか?彼らは私たちに後悔していることをやらさせるのでしょうか?

私たちの友人の誰かがあまりにも困窮していますか?

私たちの友人は私たちの個人的な生活にあまりにも関与していますか?

友達は思いがけず現れるのでしょうか。あなたは彼らが望まないが、あなたは何も言わなかったか、それのための言い訳をしたことがありますか?

私たちの友人は、個別に、またはカップルとして、私たちを利用していますか?

私たちは友人にノーと言ったことがありますか?

私たちの友人は私たちに悪いアドバイスを与えると思いますか?

私たちの友人は意地悪か独裁的な人だと思いますか。

私たちは私たちの関係のために良くない友人を手放すことができると思いますか?友情へのコミットメントに先立ち、お互いへのコミットメントを優先すると思いますか。

友情のバランスを取るためのツール: 同じページ

友人に関しては、本当の問題は、パートナーが常に時間内または注意の中であなたの友人と競争しているように感じることができるということです。これは、パートナーシップ内の怒りを引き起こす可能性があります。

2つ目は、パートナーがあなたの友人を好きでないか、受け入れない場合です。長年の友人はまた、彼らがあなたのパートナーと競争しているように感じることができます。それはあなたのパートナーがあなたの親友を排除することを望んでいるか、あなたの友人が彼らが脅かされていると感じた場合、関係からあなたを望んでいることを意味する可能性があります。それはあなたの関係にドラマをもたらします。

同じページツールは、あなたの友人の問題をオープンにしてあなたのパートナーを取得するだけでなく、あなたの友人について開くためにあなたのパートナーを取得する方法です。結局のところ、あなたのパートナーはあなたの親友でなければなりません。実際の問題を理解したら、これらの問題を取り除くのがあなたの仕事です。

アクションアイテム
伝える
友達がフィットする方法

友情を再定義する時が過ちです。両当事者は、友人がパートナーシップにどのように適合するか、友人とどのくらいの時間を費やすべきか、そしてどのように関与すべきかを明確にし、認めるべきです。また、友情と友人がいかに重要であるかを伝えるのも重要です。あなたが望み、必要とする友人であれば、あなたとあなたのパートナーは妥協し、ルールで同じページに乗ることを見ることができます。

同じページに乗ることは、あなたのパートナーが一線を越えて、あなたの友人の一人と行き過ぎていると感じるときのコミュニケーションでもあります。二人が一人になるまで何も言わないで下さい。プライバシーでは、なぜそれが起こったのかを話し合い、二度と起こらないようにする方法について合意してください。
友達とルールを設定することは、同じページツールの重要な部分です。あなたのパートナーがあなたの友人があまりにも多くを過ぎていると思うとき、またはあなたのパートナーが彼らの周りにいるときに飲み過ぎると思うとき、またはあなたの友人と外出するときにいつも家に帰ってくるのが遅い、またはいつもたくさんのお金を経験しているように見える、またはあなたの性格が悪化するように見えるとき、ルールを設定することが重要です。

友達がいつでも立ち寄ることができると感じた歴史や、パートナーに関しては自分の意見が重要な場合は、ルールを設定する必要があります。友達が境界を越えるとき、彼らは本当にあなたが付き合う必要がある友人ですか?あなたの友人を抑えるのはあなたの仕事であり、あなたのパートナーの仕事ではないことを理解してください。言い換えれば、あなたはあなたのパートナーではなく、悪者になる必要があります。

あなたの友人が侮辱しているか、あなたのパートナーを尊重していない場合は、シャットダウンする必要があります。友人は本当にあなたの関係に何も言っていないことを理解してください。コメントや判断を渡すのは彼らの場所ではありません。解決策は1つだけです。あなたはあなたのパートナーのために固執し、それが二度と起こることができないことを友人に知らせる必要があります、または友情は終わりました。彼らはあなたのパートナーを軽蔑するとき、彼らはあなたを軽蔑します。

仕事のスケジュールや生活に夢中になり、パートナーがあなたとほとんど時間を過ごしていない場合、無視された友達と一緒に時間を過ごしてほしいと思うにはどうすればよいでしょうか。あなたの帯域幅が低いときにあなたの毎週のボウリングゲームをキャンセルすることをお勧めします。本当の友人は理解するでしょう。友人は時間を割り当てたと考えてください。ただ公平で、パートナーファーストを覚えておいてください。

悪い習慣
来て
夕食時に電話で
身だしなみと衛生
中断
声を上げる
境界の問題
パートナーのもの
を移動する

習慣の管理

習慣は快適なベッドのようなものです一
入るのは簡単ですが、抜け出すのは難しいです.

悪い習慣の2つのタイプを定義してみましょう:　行動と態度.誰もが悪い習慣を持っており、パートナーは多くのことを我慢しています。悪い習慣が本当にあなたのパートナーをオフに設定することができ、それらの過負荷の日です。

行動悪い習慣は、私たち全員が知っている習慣であり、ある時または別の時に有罪となっています。あなたは種類を知っている:非常に身だしなみや衛生、口を開けて食べる、またはシンクに積まれた皿を残したり、彼らに言わずにパートナーのものを動かすような思慮のない行動。会話の中でパートナーを中断したり、パートナーがやりたいことにノーと言ったりすることも悪い習慣です。これらは、あなたのパートナーの頭を爆発させることができるほんの一部です。

別のタイプのアクション悪い習慣は、長時間電話に出たり、電話で話したり、ソーシャルメディアに夢中になったり、テレビを見すぎたり、パートナーがあなたの注意を必要とするときにビデオゲームをしたりすることです。

態度の悪い習慣には、雑用に参加しないこと、セックスが減少した理由や存在しない理由の言い訳をすること、またはあなたが常に正しいと思うなどがあります。それは、パートナーの声や意見を無視したり、パートナーと関わるのではなく、朝食や夕食中に沈黙したりするような小さなことだ。時間が経つにつれて、これらのマイナーな毎日の刺激は合計し、巨大な問題になる可能性があります。

さて、あなたはいつそれらの悪い習慣が大丈夫だと信じ始めたのですか?人間性を理解する:あなたが最初にあなたのパートナーに迷惑をかけるなら、私はそれが今でも彼らを悩ませていることを約束します。あなたはもうそれについて聞いていないかもしれません。悪い習慣が制御不能になった場合は、それらを所有し、”あなたは正しい、私は間違っている”と言っても大丈夫です。

あなたとあなたのパートナーのための質問

衛生上の問題はありますか?口臭、間違った場所での髪、定期的な入浴、不快な臭い、汚れた服を着て、お互いの生活を楽しくし続けることがありますか?

私たちはお互いに思いやりがありますか?私たちがやることや、対処しやすいことをしないのか?例:便座を上に置き、歯磨き粉の帽子を脱いでおき、何かを使って、それがなくなったときにそれを置き換えない、お互いに中断し、家の周りに山を残す。

私が取り組んでいないことを変えるように頼んだ習慣はありますか?例:不平を言い過ぎたり、否定的であること、家の周りの雑用に参加しなかったり、家の周りの問題を処理したり、仕事について話しすぎたり、私の仕事があなたの仕事よりも重要だと思ったり、友人や家族と会ったりすること。

私たちは変える必要がある悪い態度の習慣を持っていますか?例:先延ばし、遅すぎる頻度で走る、習慣を変えろと頼むときに注意を払わない。

私たちはお互いにバグを知っている悪い習慣を変えようとしましたか?私たちが変わることができなかったら、どうすればより良いことができますか?

あなたはそれが問題ではないので、私を悩ませる悪い習慣にしがみつきましたか?

何かするのをやめるように頼んだら、やめてもらえますか?

習慣を管理するためのツール: お願いだから

まず、変更したい悪い習慣のリストを作成します。現実は、あなたがあなたのパートナーを悩ませる何かをしているなら、なぜあなたはより良いことをしようとしないのか?悪い習慣は変わるのに努力し、難しいと感じるかもしれませんが、不可能ではありません。カム・オン・ツールには"あなたは賢い。それを理解してください。あなたはパートナーを悩ませるものを知っています。今、それを変更するために努力してください"

アクションアイテム
妥協
ただ手放してください。21日間のルールを使用して、あなたのパートナーを狂わせる悪い習慣を排除し始めます。

あなたの悪い習慣を排除するために21日間のルールを使用してみましょう。21日間新しい行動を適用すると、それが当たり前になるという古いルールです。リマインダーを書き留め鏡やカレンダーの通知にステッカーを貼って、小切手を使い続けることを思い出させます。誘惑を取り戻す実用的な方法を考え出してください。電話に時間をかけ過ぎている場合は、夕食中に、目に見えない、気にしないで引き出しに入れてください。21日間毎日の進捗状況を考え、まだ動作していないものを調整します。21日間の努力の後、あなたが運動に忠実であれば、それは標準になるはずです。

忙しくなったときや疲れると、あなたの悪い習慣が忍び寄ることを理解してください。これが起こったら、それらをチェックしてリセットしてください。ここでの目標は、できるだけ多くの悪い習慣を排除することです。一貫した焦点を当てて、時間が経つにつれて、彼らはちょうど離れて行くことを知っています。

報酬システムは悪い習慣を排除するための優れたサポートです。最も簡単な報酬システムは、あなたのパートナーが購入するものです。あなたのパートナーは、仲間やビデオゲームの時間や友人との旅行で週末全体をゴルフに自由な手を与えるなど、多くの方法であなたに報酬を与えることができます。報酬は議論され、合意され、尊重される必要があります。

先延ばしのような態度に基づく習慣は、常に遅れて実行し、家の活動や家族のイベントをチェックアウトすることは、あなたのパートナーにとって不公平です。ここで同じページツールを使用できます。自分の行うことを行う理由を理解するようにしてください。それは純粋に利己的で、あなたは気になる時間がありませんか?これは公平ではなく、不均衡なパートナーシップを生み出すでしょう。あなたが彼らがどのように感じるか気にしないのに、あなたを尊敬する幸せなパートナーを持つことができますか?あなたは、蓄積された恨み、欲求不満、ストレスを持つサイレントパートナーを作成します。

最終的には、あなたの悪い習慣を良い習慣に置き換えたいと思っています。あなたは、あなたが変更したい悪い習慣のリストを作りました。それでは、代わりにやりたい良い習慣のリストを作りましょう。より多くの話をしたり、より頻繁に計画を話し合ったり、便座を下ろしたりするなど、実装したい良い習慣をパートナーに知らせてください。あなたがやると言うことをすると、あなたのパートナーはあなたが意識的に気づくことができるようにあなたに知らせます(そして、彼らが注意を払っていることを示します)。時間が経つにつれて、あなたの最悪の習慣は、あなたの良い習慣の肯定的な意図によって脇に押し出されていることがわかります。

趣末とスポーツ
フェラーリ
本当
あと1時間
試合後にやります
コルベット
Gonzalo 2016

趣味やスポーツをチェックする

私たちはあなたにサッカーシーズンを
もたらすためにこのパートナーシップを中断します。

趣味やスポーツは、大きな精神的な休暇であり、人生の必要な部分です。しかし、趣味やスポーツは、あまりにも夢中になる場合は、MIAを作ることができます。これらの活動は制御不能になる可能性があり、パートナーにとっては不公平です。これらの活動にあまりにも多くの時間を費やし、パートナーと十分な時間を過ごすと、彼らはあなたの人生の別の部分と競争していると感じるかもしれません。誰がそのゲームをプレイしますか?だれも。

趣味やスポーツに関しては、バランスを取りますか?あなたの余暇の一瞬が自分のスポーツや趣味について考えることに費やされている場合、それは不均衡です。さらに悪いのは、プレイヤーの統計、給料、日付に関するすべてを覚えているが、あなたの記念日や子供の生年月日を忘れるか、さらに悪いことに、あなたのパートナーです。これは間違いなくめちゃくちゃで、あなたが思っている以上に起こります。

あなたの気分が最終的なスコアに基づいている場合、スポーツは、特にあなたのパートナーよりもゲームに対して感情的である場合は、あなたのパートナーシップを台無しにしている可能性があります。ほんとですか。

だから、誰があなたの次の重要なファンタジーフットボールの動きを考え出しながら、すべての買い物、家族の世話をし、洗濯をしていますか?ああ、あなたのパートナー!ほんとですか。このパートナーシップのバランスと妥協はどこにありますか?

趣味やスポーツは境界を越えています。これが起こったら、それを所有して"おっしゃる通り、私は間違っている"と言っても大丈夫です。

あなたとあなたのパートナーのための質問

私たちは、趣味やスポーツに注意して、私たちの関係のバランスをとっていますか?

趣味やスポーツに時間やエネルギーを取りすぎているので、私たちはお互いを無視し合うことはありますか?

趣味やスポーツのために家事を取り上げようとする事はありますか?

趣味やスポーツで健康的な方法でお互いをくつろいでいますか?

私たちは趣味やスポーツにどれだけの時間を費やしているかについて、お互いに嘘をついたことがありますか?

私たちは他の人が知っているよりも多くの趣味やスポーツで自由な時間を過ごしていますか?

私たちは、パートナーシップを切断または脱出するために趣味やスポーツを使用したことがありますか?

私たちはお互いにスポーツや趣味のイベントをキャンセルすることを強制しますか?それは私たちがお互いに怒るのですか?

私たちはお互いに時間を過ごすよりも、私たちの趣味やスポーツを楽しみにしていますか?

私たちはスポーツの興味が私たちの気分を決めさせるのですか?チームが勝つと幸せだが、負けたら落ち込むのか?

週末は、お互いに時間を過ごす代わりにスポーツを見て過ごしていますか?

私たちはスポーツイベントを支持して家族の義務をスキップしたことがありますか?

趣味やスポーツをチェックするためのツール：本当に

本当にツールはちょうどそれです。あなたが本当にゲームを見る必要がある場合は、本当に最初にあなたのコミットされた責任を実行する必要があります。あなたが本当に土曜日の朝にゴルフの2ラウンドをプレイする必要がある場合は、ハニードリストに少なくとも1つのアイテムを終了し、フリーパスのためにあなたのパートナーに尋ねます。余分な早起きとタスクを完了し、自由はあなたのになります。本当にツールは、マルチタスク、時間管理、報酬に関するものです。それは与えられ、取る。

パートナーと優先順位を付けて妥協を達成できることは、パートナーシップを成功させる上で重要な要素です。あなたの趣味とスポーツがあなたの人生の重要な部分であると考えるならば、あなたのパートナーのニーズが最初に満たされていることを確認することが重要です。ハニードリストの問題がゲームに後部座席を取っている場合は、本当にツールをキックします。

開始する優れた方法は、パートナーに何が重要かを尋ねることです。そのリストをパートナーと一緒に置くときは、他に何かがあるかどうかをもう一度尋ねてください。彼らはあなたが2回目に尋ねるとき、それらの小さなことをすべて覚えているでしょう。目標は、何をする必要があるのかをパートナーの考えのすべてを得る方法です。

時間管理と事前の計画は、ここであなたの友人です。プロジェクトを完了するために必要なすべてのツールと材料について考えて、すべてのパートナーのハニータスクを整理し、計画します。ハードウェア　ストアに移動すると、必要なものがすべて手に入り、時間を節約できます。

アクションアイテム
質問をする
あなたは一晩だけ数時間キックインし、
蜂蜜のリストに取り組むために
OKすることはできますか?

最も重要な点は、開始するプロジェクトを完了することです。マルチタスクを実行して、同時に複数のプロジェクトを開始する場合は、新しいタスクを追加する前に、そのすべてを完了する必要があります。完了したら、パートナーに作業を確認してもらい、その意見を得るように依頼します。これにより、信頼が構築され、パートナーがつながりを感じさせます。奇妙なことに、それはまたあなたの愛を強める。あなたがその古いドアノブを変更したり、そのガレージの壁をペイントするとき、あなたのパートナーへの影響を過小評価しないでください。私の経験では、最も簡単なアイテムを最初に終わると、リストを完成させるためにエネルギーが消費されます。

ここでは、本当にツールの別の部分です。2時間ごとに、あなたはハニードリストに費やし、1時間のゲーム時間を求めます。本当にツールは時間管理です。また、報酬と考えてください。

たとえば、リストの 40 項目を選択します。私がやっていることは次のとおりです。私はリストを書き留め、完了するまでにそれぞれ30分未満の10の簡単なアイテムに取り組みます。その後、その週末のために、各アイテムごとに時間スケジュールを下に置きます。午前8時に開始し、各項目に対して、あなたがそれを完了することを期待する時間を置くとします。あなたが終わると言った時間に着いて、遅く走っているとき、あきらめないでください。10個すべてのアイテムを終了します。次の 10 項目で、マスターするまでスケジュールを改善するようにしてください。

10　個のアイテムを完了するたびに、パートナーにレビューしてもらいます。彼らは問題を見つけるでしょうが、それは大丈夫です。一歩下がると、彼らが正しいことに気づくことがあります。議論しないでください。それが正しく行われなければ、それは行われているものとしてカウントされないので、それをやり直してください。

40項目全体を終える頃には1ヶ月かもしれませんが、プレイタイムを与えることに対するパートナーの態度に違いが見られると約束します。

それでは、始めて、あなたのドメインのマスターになるのを手伝いましょう。最終的には、愛、友情、信頼を得て、最も重要なのはパートナーが本当のパートナーシップを感じることでしょう。

約束を守りなさい
仕事
もし、あんたが
あなたがいると言う
に行く家に
一時間後家にいる
40分

作業のバランスをとる

仕事だけで幸せを探してはいけない。
なぜなら、パートナーのいない仕事は孤独だからです。

あなたは仕事中毒ですか、それともバランスのとれたワークライフを持っていますか?週に80時間オフィスで過ごすワーカホリックや、上司や迷惑な同僚について不平を言いたいと思って家に帰る場合は、キャリアの選択がパートナーシップに影響を与え、さらには破滅的であることを知る必要があります。家に帰って仕事について発散するのは当然のことであり、良いことと悪いことについて話すことを意味します。それは時間の経過とともにあなたのパートナーを薄く身に着けることができる悪いことについての絶え間ない苦情です。

仕事の優先順位を関係よりも優先することは受け入れられると思いますか?映画を見に行ったり、友達を訪れたり、一緒に時間を楽しんだりするなど、パートナーと一緒に通常従事する活動をオプトアウトすると、関係に過度のプレッシャーをかけている可能性があります。

後でオフィスに滞在したり、週末に頻繁に入ったり、仕事を家に持ち帰ったりする場合は、関係が緊張する可能性があります。仕事や私生活の区分化に問題がある場合は、気づかないうちに人やプロジェクトに関する議論に入る可能性が高いです。文字通り仕事以外のパートナーと話すことは何もない場合は、問題があります。

あなたのパートナーがあなたの仕事に憤慨し、あなたが辞めることを望むなら、これは他の分野で現れるかもしれません、そしてあなたのパートナーはより忍耐強く、またはより過敏になるかもしれません。仕事のストレスを持ち帰ると、関係のない地域でパートナーにそれを取り出している可能性があります。あなたが前に議論したことがないことについてあなたのパートナーと突然戦うことは、おそらく偶然ではありません。

仕事は境界を越えるでしょう。これを実現させれば、それを所有して”お前は正しい、私は間違っている”と言っても大丈夫だ。

あなたとあなたのパートナーのための質問

私たちは仕事にどれだけの時間と注意を払っていますか?

家の外で仕事をしたために家事や責任を怠ったことはありますか?

仕事は私たちの関係を制御するか、あまりにも多くのプレッシャーを置きますか?

仕事と家族の時間に関しては、バランスのとれた生活を送っていますか?

仕事を家に持ち帰らなければならないとき、私たちは公正な境界を設定しますか?

私たちは一緒に家にいるとき、私たちの仕事についてあまりにも多くのことを話していますか?

週末や夜遅くまで働いたことに腹を立てたことはありませんか?

仕事に行かないとき、私たちは仕事について強調していますか?それは私たちのパートナーシップから時間とエネルギーを盗むストレスですか?

お互いを楽しむべきときや家族や友人と外出しているとき、私たちは仕事に執着することがありますか?

私たちは仕事のために個人的な優先順位を取り消したことがありますか?

私たちは家に帰る代わりに仕事で隠れたことがありますか?

私たちは仕事で忙しいので、家族やお互いのための時間はほとんどありませんか?

仕事のバランスを取るためのツール:あなたの言葉を守る

多くの場合、仕事やキャリアが必要と感じさせるので、仕事はバランスのとれた生活の邪魔になります。それはエゴを養う目的と達成感を与えることができます。ドラゴンを殺すために必要なドライブとスキルはかなり急ぐことがあります。勢いに巻き込まれるのは簡単です。それはあなたが1時間後に家に帰り、実際に3時間後にドアを通ってそれを作ると言うときです。

Word を維持ツールを使用すると、パートナーシップのバランスを維持するのに役立ちます。それはあなたの誠実さを反映し、コミットされ、信頼でき、あなたのパートナーが頼りにできる人であることを日常的に示しています。それはあなたのパートナーと現実的な期待を設定し、その後に来ることについてです。

アクションアイテム
正しい選択をする
今週は、ある時点で活動をしたり、家に帰ったりすると言うときに取り組みます。それをしてください。

とてもシンプルで、まだとても難しいと思われるものから始めます:あなたが家に帰るときにあなたの言葉を続ける。それは簡単です。毎晩スーパーボウルの夜と考え、午後6時までに家に帰らなければならないので、何も見逃すことはありません。私はあなたが期待して5時30分に家に帰ることを約束します。

時間を覚え失うような人の場合は、仕事用カレンダー、スマートフォン、または時計にアラームを設定します。それでも苦労している場合は、パートナーに電話を頼んで軌道に乗せてください。ここで最も重要なことは、あなたの約束を守ることだ。

家に帰ったら、電話を切ってください。境界のない職場の人がいる場合は、緊急事態でない限り、特定の時間を過ぎるのをやめないように指示してください。あなたが完了する仕事があり、あなたのパートナーがあなたと一緒に時間を過ごしたい場合は、翌朝早く目を覚まし、仕事を終えます。

ワークロードのバランスを取るのはあなた次第です。一部の企業は循環的です。ジョブには、一定期間のパートナーシップに影響を与えるクランチ時間があります。それがあなたのギグのように聞こえるなら、最善のことは、あなたのパートナーとそれについて前もって行くことです。危機が終わったら、物事を正常に戻してください。長期的および短期的な目標について同じページに移動していることを確認します。計画が変更された場合は、それらを共有します。しかし、毎ターンで、状況が何であれ、あなたの約束を守ってください。

あなたの言葉を守ることは、あなたが対処する必要がある職場でいくつかの時間管理の問題がない限り、おそらく早く仕事に行くか、別の夜遅くまで滞在し、あなたのパートナーとの失われた時間を補うことを意味します。

あなたの単語を保つツールを適用する習慣を得ることは、より肯定的な関係を構築するために仕事から離れてあなたの考え方をシフトすることを余儀なくされます。パートナーもあなたを必要としているのを覚えておいてください。ストレスが少なく、生産性が高くなる方法で作業にアプローチする方法を示すかもしれません。ただ言う。

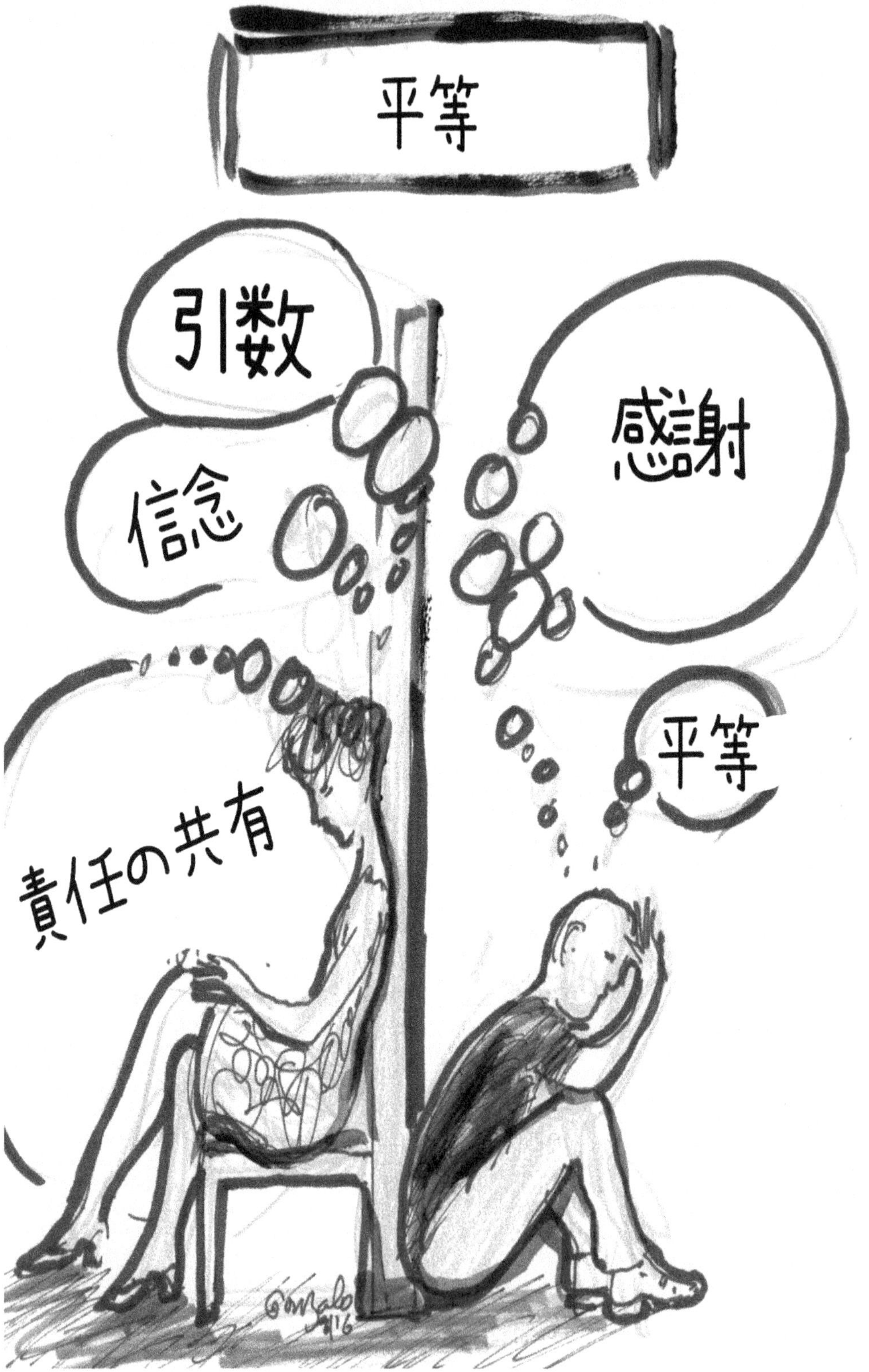
平等
引数
信念
感謝
平等
責任の共有

第 8 章:
関係の平等のための毎日のツール

引数
申し訳ありませんツール
時々
すべてのあなたの
パートナーのニーズ
聞くことはそれです
ごめんなさい
GONZALO

ボトム右の線
または間違っているたた謝罪する

引数の削減
あなたはむしろ正しいか、むしろ幸せですか?

今週、重要なことについてパートナーの意見を聞き、可能な限り自分の意見を聞いて使用するとどうなりますか?今週毎晩立ち止まって、パートナーに中断や判断をかけずに話し合わせたらどうしますか?"はいの日"を行い、パートナーが望むすべてのものに"はい"と言ったらどうなるでしょうか。あなたのパートナーは、あなたが動揺しているとき、またはあなたが議論しているときにあなたの気持ちを無効にする傾向がある場合、それは傷つきます。それだけでなく、長期的には非常に健全で建設的な関係にはなりません。

人間関係では、戦いや時折激しい議論は正常です。これらの戦いが本格的な議論に渡ると、彼らはすぐに手に負えなることができます。何かを滑らせることと悪意のあることには大きな違いがあります。お互いを責めたり、議論の熱の中でお互いを落ち着かせているのを見つけたら、それは不健康です。

あなたは彼らの公平な分け前を行うことができず、あなたのパートナーをめぐって戦いますか?雑用や日々の活動に取り組み、取り組む必要があります。あなたのパートナーにこれらの問題を取り出す言い訳はありません。

あなたは常に財政問題について議論していますか?たぶん、一方のパートナーは浪費家であり、もう一方のパートナーはより質素です。あなたの資金が低い場合、それはさらに悪いです。お金に関連する問題は、分離の主な理由として頻繁に引用されています。お金について議論することは、あなたがあなたのパートナーと同じページにいないことを意味します。

友人や家族の問題は、あなたが可能だと思うよりも多くの議論を作成します。この領域は非常に多くの感情的な要素に交差し、それは異なる方法で人々に影響を与えます。だから、パートナーが友人や家族を好きではないか、彼らがあなたの人生に関与しすぎると思うとき、それは問題です。

嫉妬の問題を克服するには長い時間がかかる場合があります。これらの問題をめぐって戦うことは、大きな問題を引き起こし、境界を越える可能性があります。これが起こった場合、それを所有して、"あなたは正しい、私は間違っている"と言っても大丈夫です。

あなたとあなたのパートナーのための質問

私たちはあまりにも多くの方法を主張していますか?

私たちの一人は通常、議論を支配していますか?

私たちの一人が決定を下した後、私たちは通常議論することになりますか?

私たちは、議論の前または後に私たちが好むよりも少ないつながりを感じますか?

私たちは愚かな問題について議論していますか?

私たちの一人は他の人が望むほど家にいないので、私たちは主張しますか?

私たちの一人が他方よりも少ない助けになるので、私たちは議論しますか?

私たちは、あまりにも多くのお金を費やしたり、合意していないものに費やしたりすることに議論していますか?

私たちは、関係にあまりにも少ないロマンスを持っている上で議論していますか?

私たちは、私たちのニーズを満たすことについて議論していますか?

私たちはお互いの悪い習慣について議論していますか?

私たちは家族や友人との問題について議論していますか?

あなたは仕事にどれだけの時間を費やしているかについて議論していますか?

議論を減らすためのツール:申し訳ありません

“ごめんなさい”と言うことは、議論に伴う切断と傷を癒すために長い道のりを行きます。それを意味する鍵は、あなたが間違っていることを謝っていないことを覚えておくことでした。あなたは同じページにいないことを謝っています。

あなたはそこにあなたを望んでいるパートナーに家に帰ることができるよりも重要な何かを知っていますか?あなたがあまりにも多くの議論をした場合、あなたのパートナーはあなたが思うほどあなたを望んでいないかもしれません。だから、この質問を自分自身に尋ねる:私はあまりにも多くの議論をしますか?

あなたはすべての答えを持っているようで、あなたが常に正しいと信じていますか?もしそうなら、それはあなたのパートナーが常に間違っていると思う意味であることを理解してください。これは、パートナーに切断する理由を与えることだけです。あなたが正しいと思った場所を思い出してみてください。私は自分の道を主張する前に停止し、呼吸するスキルを構築しました。非常に多くの場合、私のパートナーの決定は正しいものでした。

アクションアイテム
質問をする
あなたは本当に正しい必要がありますか?
ほんとですか?

難しい作業にアプローチする方法は複数あることを理解するスキルです。疑わしいとき、私は自分自身に尋ねることを思い出させる、あなたはむしろ正しいか、むしろ幸せになりか?押し過ぎると”ごめんなさい”と言うのを忘れないでください。それは簡単なツールであり、驚異を働かせることができます。

怒りで怒りに対応すると緊張が高まり、どんな問題でも解決するのが難しくなります。それは状況を悪化させるだけです。だから、議論することによって不釣り合いに会話を吹き飛ばさないでください。次回に熱くなったら、落ち着いて合理的な会話を続ける時間が必要であることをパートナーに知らせてください。それはすべて制御する方法を学ぶことです。

さらに悪いのは、公の場であなたのパートナーと議論することです。それはどんな人にとっても屈辱的であり、単に間違っています。人前で相手に声を上げないでください。プライベートで否定的なものを処理することに同意します。これをあなたのパートナーに綴り、それに固執してください。問題があることを知らせるために、アイコンタクトまたはボディランゲージを使用することに同意することができます。これは物事を抑え、後でプライベートで議論を開きます。

議論に関しては、あなたの戦いを選ぶ必要があることを理解してください。成功したパートナーシップは、重要なトピックに与えられるべきという観点から問題にアプローチします。

戦いの真っ只中で、同じ議論に戻るのは簡単です。”いつも”や”決して”と言うことは、議論をエスカレートさせるだけです。一歩下がって、パートナーの視点から議論を考えてみましょう。あなたのパートナーが問題について強く感じ、あなたが本当にどちらの方法でも行くことができますが、プライドが邪魔になる場合は、それを手放して屈してください。あなたはより良い眠るでしょう。

プライドを持つことは素晴らしいことですが、誇りも関係を殺します。それはあなたとあなたのパートナーの間にくさびを作り出し、親密さを破壊し、信頼を侵食し、パートナーとの平和を否定します。私は、私たちの脳が信じられないことを現実のものに見せる方法にぼんやりしています。例えば、家に帰ると、いつもコジョーンを比喩的にクローゼットに入れようとすると、仲間に”まさか起こっていない”と言われます。これは私が路上に私のエゴを残すことを意味するので、それは私が私のパートナーとつながるのを邪魔しません。私は謙虚で、敬意を払い、愛情深く、思いやりがあり、私のパートナーに関しては虐待を受け、議論したり、正しいことをしたいという衝動もなく帰宅します。ああ、それは比喩なので、コジョーンはどんな性別にも当てはまります。

あなたはラスベガスに滞在ラスベガスで何が起こるかという言葉を知っていますか?あなたのパートナーが戦いの間に何を言おうと、そこにとどまるべきです。彼らが戦いの間に言った言葉が次の日にあなたを苦しめた場合は、すぐに再びそれらに近づくのではなく、自分自身にいくつかの呼吸室を与えてください。議論をあまりにも頻繁に持ち出すことは、決議ではなく、円の中で話すことにつながる可能性があります。”ごめんなさい”ツールで会話に取り組みます。

信念
尊敬
敬意
各
他の
スペース
値
性的
家族を育てる

橋渡しの信念

世界で最高の気持ちは、あなたが誰であるかのために望まれている。

関係は、信念を橋渡しすることになると容易ではありませんが、愛は狂っています。それでも、最も献身的なパートナーの間でさえ、異なる信仰、政治的見解、または道徳的な見通しがあなたの関係に挑戦する可能性があります。

私たちが信念について話すとき、表面上は、それは小さな話題のようです。しかし、それは問題の広い範囲をカバーしているので、それは最も重要なの一つです。パートナーの信念について話し合い、パートナーを怒らせましたか?これが起こると、彼らはあなたがその線を越えたことを知らせます。ここから何をするかは非常に重要です。

この政界は手に負えない可能性がある。ソーシャルメディア上でツイートやコメントを投稿することは一つのことですが、自分の家のしきい値を超えると、それが問題であるという現実があります。

宗教的見解があなたとは異なるパートナーと一緒にいると、それを許せばストレスと圧倒的になる可能性があります。強い組合を築くためには、特に伝統が関わっているときに、お互いの生活に積極的に参加する必要があります。これらの基本的な慣行をオプトアウトした場合、パートナーを疎遠にするだけではありません。それはあなたとあなたのパートナーの間に分裂を作成することができます。

パートナーの信念を尊重することは非常に重要です。最後の唯一の関係は、成長し、発展し、一人一人の個々の目標や信念に対する尊敬を得続けるものです。お互いを祝うために時間をかけて、あなたの違いの楽しみを見つけます。それは違いを発見に変え、信念を共有することを楽しいものにすることができます。

信念は境界を越えます。これを実現させれば、それを所有して"お前は正しい、私は間違っている"と言っても大丈夫だ。

あなたとあなたのパートナーのための質問

私たちはお互いの信念を尊重していますか?私たちはお互いを平等に尊重していますか?

私たちは(多分密かに)私たちの一人が他のものよりも正しいと思いますか?

私たちは、信念がトピックの中心であるときに、他の意見とは異なる意見を持つお互いの権利を尊重していますか?

わたしたちは互いに異なる信念を強い合うことはありますか。

わたしたちの信念が異なるときに,共通点を見つけようとするでしょうか。

異なる信念が問題になったときに話し合うのでしょうか。

わたしたちは互いの宗教的または霊的な信念を尊重していますか。

私たちはお互いの政治的信念を尊重していますか?

私たちは、家族の財政を管理するためのお互いのアプローチを尊重していますか?

私たちは、私たちの信念から来るお互いの考えや夢をサポートしていますか?

わたしたちは互いに友人や家族と信念を分かち合うのでしょうか。

信念を橋渡しするためのツール：相互尊重

あなたのパートナーが自分とは全く違う強い信念を持っているなら、それは良いことです。宗教、政治、子供たち、そして世界がどのように機能すべきかに関しては、同じページにいるとき、あなたのパートナーシップが簡単になります。そうでない場合は、どんな関係にも圧力と緊張感を加えることができ、相互尊重ツールを使用する必要があります。あなたのパートナーが憎しみや毒なしで別の視点を持つことを許可します。コミュニケーションはここで重要であり、賢明な格言:反対することに同意します。

世界が急速なペースで変化する中、オフラインやオンラインでの多くの会話は、政治や健康を中心にしているようです。違いは、特にソーシャルメディアの公開フォーラムでは、一般的に祝われるものではありません。あなたのパートナーの信念が他の人から攻撃を受ける時が来るかもしれません。その場合は、防御し、保護するために立ち上がる必要があります。

アクションアイテム
妥協
判断をやめなさい。 パートナーの
意見を尊重してください。

自分の意見や意見を話すときは、必要な、またはしたいからといって、ポイントを作ろうとしないでください。それはちょうど間違っています。あなたのパートナーは、自分の意見に対する権利を有します。世界の多くは、誰もが自分の意見を持っていることを忘れてしまいました。あなたが異なる信念についてあなたのパートナーと話したい場合は、あなたのパートナーのための本物の好奇心と尊敬の場所から会話をフレームする必要があります。

また、あなたのレジメンにイエスの日を追加することができます。はい、デイはこのように動作します:それがどんな日であれ、あなたのパートナーが尋ねたものは何であれ、あなたは”はい”と言わなければなりません。したがって、両者が同意できる”質問”の制限に関する契約を作成します。両サイドの第1ラウンドの後、契約を更新することができます。だから、始めるために、隔月の最初の土曜日はイエスの日だと言います。その後、それはあなたのパートナーに交互に、彼らは彼らの一日を持っています。今度は、あなたのパートナーがその一日あなたに尋ねるものは何でも「はい」と言う番です。

パートナーシップが直面する最大の問題は、コミュニケーションの欠如です。あなたは戦うことなくアクティブなリスナーである必要があります。目標は理解を深めることです。アクティブリスニングは努力と集中力を必要とし、あなたが気を散らさずにパートナーの注意を払い、血圧が屋根を通過すると感じることなく対応するとき、あなたはそれを得意としていることを知っています。意見の違いを話す能力は非常に重要です。パートナーの視点を尊重し、視点に見返って敬意を払うことは、世界を一周させるものです。

積極的にコミュニケーションを取るパートナーは、重大な意見の相違で嵐を乗り切ることができます。パートナーと意見が一致しない場合は、相互尊重ツールを適用します。あなたが常にあなたの視点を押し進めなければ、あなたは単独であなたのパートナーシップを破壊するでしょう。

感謝
仕事、ストレスフリーパスはありません。あなたはまだする必要があります
家の周りのあなたのパートナーを助けます
私はアホです
それはささいなことです
その問題
VENICE
するのを忘れる
あなたが約束したこと

感謝の気持ちを示す

彼らがそれに値する時に感謝を示さなければ、
彼らはあなたが感謝することをやめるでしょう。

私たちは皆、特に私たちが愛するものによって、感謝されるのが好きです。感謝はパートナーの満足の最も重要な側面です。彼らが行うすべての小さなことや大きなことを毎日お互いに感謝するパートナーは、最終的に彼らのパートナーシップの中で感謝の文化を開発します。パートナーが仕事、健康、ストレスから過負荷感を感じて感謝を広げることができない関係に季節を持つことは一般的です。人生は忙しくなり、私たちは仕事に夢中になりがちで、習慣が当たり前になります。

人間関係に対する感謝の気持ちの欠如は、怒りを生み出し、パートナーシップに不公平です。基本的には一方通行です。パートナーがハニードリストやその他のものを扱うたびに大きな生産を行う必要はありません。しかし、それは確かに感謝があるときうれしいです。パートナーの気持ちがパートナーの世話をしたいと思うから、世話をすることを期待しているパートナーに行くと、その感謝の欠如は怒りを生み出します。

感謝の欠如があなたの関係に重きを置いている兆候:あなたのパートナーがあなたの関係に重きを置いている兆候:あなたのパートナーが決して”ありがとう”と言わない場合、あなたのアドバイスを求めたり、あなたの意見を尋ねたり、あなたに尋ねずに計画を立てたり、公平な分け前をしない、特別な機会のために何もしない、ロマンチックな努力をしない、不誠実で、あなたの一日について尋ねない、 あなたの気持ちを考慮したり、好きなように行ったり来たり、尋ねることなく家族のイベントにコミットしたりせずに友人を夕食に連れて行ったりしません。

パートナーがお互いを当然のことと考えているという感謝のシグナルを示さない。感謝が毎日あなたの愛を示す方法であることを忘れている人なら、それを所有して”あなたは正しい、私は間違っている”と言っても大丈夫です。

あなたとあなたのパートナーのための質問

私たちは小さなことだけでなく、大きなことのためにお互いに感謝していますか?

私たちはお互いが最も誇りに思っていることを知っていますか?

その日はどうなったの?

助け合うとき,感謝の気持ちを示す気持ちを期待していますか。私たちはそれを得るのですか?

私たちはお互いに相談せずに意思決定を行いますか?

私たちはお互いに話しているときにゾーンアウトしますか?私たちは本当にお互いに耳を傾けていますか?

「はい」と言うよりも、お互いに「いいえ」と言うのでしょうか?

私たちは定期的に互いを補完していますか?

私たちはお互いのアドバイスを求めますか?

計画を立てる際にお互いに確認しますか?

私たちはしばしば一人で外出するか、友人と外出し、他のパートナーを家に残していますか?

私たちはそれぞれ、仕事や雑用の公平な分担をしていますか?

私たちはそれぞれ家族のイベントのために現れるのですか?

私たちは二人ともロマンチックになる努力をしていますか?

私たちは好きなように行き来しますか?私たちはお互いにスケジュールを知り続けていますか?

感謝を示すツール:私は愚かだ

あなたは彼らがあなたのために行うすべてのパートナーに感謝していますか、それともあなたのパートナーを当然のことと思っていますか?自信がありません。雑用、夕食、朝のコーヒーの製造、買い物、洗濯、手形の支払いのお金の稼ぎ、車のサービスの取得、健康予約など、日常的にあなたのために行うすべてのことをリストに書きます。その後、あなたが何かを見逃さなかったことを確認するように彼らに依頼してください。あなたのパートナーがやっていることは、あなたも気づいていないかもしれません。

パートナーに、自分と家族のために行うことのリストを作成してもらいます。次に、リストを比較します。彼らがより多くの負荷を負担しているなら、ヒューストン、あなたは問題を抱えています。ほとんどの場合、あなたが行うことのリストは、彼らのものと比較されません。これは私がバカであるツールが遊びに来る場所です。
“ありがとう”と言うことは、あなたのパートナーに感謝を示す最も簡単で最も明白な方法のようですが、これはめったに行われません。だから、あなたの公平な分け前をしていない場合は、”私は愚かだ”と所有し、あなたの素晴らしいパートナーに感謝します。さらに重要なことは、キックインして公平な分け前を始めるために、いくつかの”私はこれを得た”エネルギーを活性化することです。

アクションアイテム
正しい選択をする
毎日愛と愛情を示す。ベッドで
コーヒーやキスから始めましょう。

また、甘いノートを残すことによって、より多くの感謝を示し始めることができます。あなたのパートナーが簡単にそれを見つけることができる場所にそれらを隠す:自分の車のダッシュボード、バスルームの鏡、または枕の上に。あなたが彼らをどれだけ愛しているかをあなたのパートナーに伝える青い小さな愛のメモや電話があなたのパートナーの一日を明るくすることができるのは驚くべきことです。これは、パートナーシップに火を保つものです。

あなたのパートナーが厳しい一週間を過ごした場合、”私はこれを得た”とステップアップすると、世界を意味します。お風呂でくつろいだり、本でくつろいだりする静かな時間を数時間与えてください。買い物、料理、夕食の皿の掃除、そして子供たちの宿題を手伝ってください。

あなたは贈り物で感謝を言うことができます:花やロマンチックなデートの夜、あなたのデート中にしっかりとお使いの携帯電話を置いて、すべてあなたによって計画されています。彼らが見て、愛したが、自分で買わなかった何かであなたのパートナーを驚かせます。また、カード、花、またはあなたのパートナーを驚かせることができる他の何かなしで彼らの誕生日やバレンタインデーを決して忘れないでください。人々がそれが重要ではないと言い訳をするとき、それは真実ではありません。これらは1年に数日です。あなたは感謝していることを示す機会があり、それはちょうど動作します。感謝の気持ちを伝えるパートナーはいません。

また、あなたのレジメンにイエスの日を追加することができます。はい、デイはこのように動作します:それがどんな日であれ、あなたのパートナーが尋ねたものは何であれ、あなたは"はい"と言わなければなりません。したがって、両者が同意できる"質問"の制限に関する契約を作成します。両サイドの第1ラウンドの後、契約を更新することができます。だから、始めるために、隔月の最初の土曜日はイエスの日だと言います。その後、それはあなたのパートナーに交互に、彼らは彼らの一日を持っています。今度は、あなたのパートナーがその一日あなたに尋ねるものは何でも「はい」と言う番です。

このイエスの日は非常に多くのレベルで素晴らしいです。その日、あなたのパートナーの望み、特に通常シャットダウンされる希望が満たされます。そうは言っても、相手には難しいかもしれませんが、明るい面を見てください。1日おきに、あなたのパートナーは素晴らしいと感じています。この演習は、パートナーの希望が満たされているため、関係を支配します。

イエスデーでの最初の試みは、通常、質問に対する最初の反応は"いいえ"と言うことですので、パートナーシップに挑戦するかもしれません。しかし、これについて少し考えてみてください。これはあなたが愛し、気にしているパートナーであり、彼らは彼らを幸せにする質問を持っています。なぜあなたは彼らにそれを否定するのですか?私はあなたのパートナーが会い始めたいと思うなら、彼らはあなたをもっと愛することを約束します。

はい、日は各パートナーが彼らを幸せにするものを理解する機会です。　また、パートナーが何を見逃していると感じているかを理解するための窓もあります。　それはパートナーがクールな方法で彼らの要求を満たすことを可能にします。　それはまた、彼らが決して行ったり行ったりしない場所とのパートナーシップに挑戦します。　結局、あなたはあなたが決して試みなかったであろう何かであなたが楽しむことができることに気付くかもしれません。

責任の共有
あなたが約束したときするでしょう
そのドアを修理するそしてそれを修
正したことはありません
あなたが約束したあなた
拾うだろう子供たちと
忘れた
黙ってやるだけ

責任の共有

あなたのパートナーの場所
が台所にあると思うなら、また、ナイフが
保管されている場所であることを覚えておいてください。

パートナーシップは、定義上、一緒に事業に参加することを意味します。パートナーは完璧ではありませんが、安定し、忠実であり、喜んで一緒に働くべきです。これらの資質が難しいと思われる場合、それは怒りを作成します。

責任を分かち合う ― 2 つの合理的でわかりやすい言葉を表面に表示します。しかし、このタマネギを剥がすと、非常に多くの戦い、離婚、不幸、そして怒りはそれらの言葉から来ます。

問題は、一方のパートナーがより関与する方法で関係に参加することを望んでいるから生じます。あなたが会社の社長であり、常に旅行しなければならないことは問題ではありません。確かに、家族に経済的支援を提供することがあなたの仕事であることを正当化することができます。しかし、それがあなたが関係に存在しないことを意味するならば、世界のすべてのお金はあなたのパートナーを気にしません。彼らが気にしているのは、あなたが本当にパートナーシップ(心、身体、魂)にいるのを見ることだ。

あなたの責任を分かち合う方法が外部の助けを呼び出すことである場合、あなたは技術的に仕事を終えているかもしれません。しかし、これはチームワークではありません。自分を抱いたり、公平な分け前をしたり、責任を分かち合ったりしないときは、パートナーに負担をかけることを意味します。これは権利に戻ります。それはパートナーシップに怒りと不均衡を生み出します。怒りが高まる。

あなたが一種の分かち合いの責任であり、これが公正であると思うときは、パートナーがそれをまったく異なって見るかもしれないことを覚えてみてください。パートナーに質問しなければ、あなたのコミットメントのレベルが公正であるか問題として見ているかはわかりません。

あなたが共有部門で軽量であることが判明した場合は、所有して”あなたは正しい、私は間違っている”と言っても大丈夫です。

あなたとあなたのパートナーのための質問

私たちはお互いに十分に助け合っていないので、私たちはそれぞれ継続的なストレスと不安を持っていますか?

家族の活動や雑用のスケジュールを分かち合っていますか?

6ヶ月以上ぶら下がっている未完成のハニードリストはありますか?

私たちは同じ量の自由な時間を持っていますか、それとも私たちの一人はまだ他の人がリラックスしている間に粉砕していますか?

私たちはお互いにチェックアウトし、もう一方はMIAですが、私たちの一人に無限のTo Doリストを残していますか?

私たちは、次々と言い訳を得るために、より多くの助けについてお互いに口うるさく言いますか?

家事に関しては、私たちのどちらかが先延ばしになりますか?

他の人が尋ねたとき、タスクを完了するために行っていることを削除しますか?

私たちは、他のパートナーが彼らの期待に不公平であると信じていますか?

約束したことを忘れるのか?

私たちは、私たち一人一人がパートナーシップを維持するためにどれだけの努力をしているかについて戦うのですか?

責任を分かち合うためのツール:ただ黙ってそれを行う

パートナーと同じページに移動し、それぞれが必要なものを把握するには作業が必要です。目標は、コマンドーソロではなく、パートナーとして一緒に取り組むことです。「シャット・アップ・アンド・ドゥ・イット」ツールを開始して適用する、スマートでインテリジェントなパートナーになります。

ただ黙ってやるの最初の部分は危険にさらされ、2番目の部分は整理されています。これは、目の前のすべてのタスクに取り組むための鍵です。家事は掃除だけではないことを覚えておいてください。手形の支払い、ケーブル会社との間で保留にしたり、食事の計画を立て、家族に誕生日プレゼントを買ったりすることも不可欠です。次の週に出てくるすべてのタスクのリストを作成し、さらにはすべての人がアクセスできるカレンダーを作成すると、誰が責任を負う人が表示されます。一方のパートナーが埋葬された場合、もう一方のパートナーはただ黙ってそれを行うことを知っている必要があります。それはパートナーシップであり、試合に勝つためにはチームが必要です。

妥協することは、責任を分かち合う公正な方法を考え出す。私たちは大人で、雑用はみんなが5歳のように感じさせるので、雑用を”活動”と呼びます。だから、均等に活動を分割します。まず、自分の得意分野に基づいてアクティビティを割り当てます。同じ古い引数を避ける秘訣は、アクティビティのリストを完成させることです。パートナーが体重を引っ張っていない場合は、それを呼び出し、活動が完了するまでプレイタイムを切り取ります。

アクションアイテム
伝える
この関係を好転させるために率先して取り組んで下ろしてください。今週完了するパートナープロジェクトを引き受ける。

特にバランスの取れないリストの場合は、タスクの方が優れている人に基づいてアクティビティを共有する際には注意が必要です。この場合、パートナーは新しいスキルを習得する必要があります。玉ねぎを切ったり、食器洗い機を積んだり、リモコンをプログラムしたりする方法を教えてみましょう。しかし、あなたはそれがどのように行われたか気に入らないので、それらを批判したり、物事をやり直したりしないでください。これはあなたのパートナーがチェックアウトし、二度とそれをすることはありません。

次に、組織化して、学習した時間管理スキルを適用します。たとえば、2時間ごとに1時間の労働を行う必要があります。目標は、ハニードリストを完了し、完了したら、より多くを求めるです。ブレーキが実際に機能することを知って私の車を運転する方がずっと良いと思うか、"OMG、彼らはもはやポーチの床の穴から落ちることができないので、私は今友達を招待することができます。"

今後１週間に何を行う必要があるか、誰が何を担当するのかを定義するカレンダーを作成します。スケジュールを作成し、期限を設定します。To Do リスト アプリからリマインダーを設定するか、冷蔵庫のように全員のリストを投稿します。ボールを落とした場合は、完了するまで多くのノイズを発生させることができるとパートナーに伝えます。フェアは公正です。どちらの側でも開始する唯一の時間は、パートナーのスケジュールがタスクを完了できない場合、または病気の場合です。それがいつ公平か分かるか分かるだろう。お互いにチェックインする方法を考え出し、疑わしい場合は、ただ黙ってそれを行います。

安全
感が愛さ
強調
Gonzalo
気性
重さ

第9章：
関係のセキュリティのための毎日のツール

身だしなみや衛生状態を目覚めさせたら、パートナーにキスをします
VITOS
STOP
彼らが家に帰ったらグラスにワインか夕食を待ってください手を握り合う
デートでパートナーを連れ出す
パートナーのコーヒーをベッドに持ってきてください

愛された気持ち

すべての偉大なものはシンプルで、
単一の単語に含めることができます:希望。

パートナーシップを所有し、関係にセキュリティをもたらすために開始します。これはすべてあなたです。単独で、アクションをリードさせることで違いを生み出すことができます。パートナーをすべての人よりも大切な人にすることで、このパートナーシップを所有し、家族や子供たちを含みます。このパートナーシップを所有し、誰もあなたのパートナー以外の人がそれに言うことを許可しないでください。このパートナーシップを所有し、あなたのパートナーの声を聞くことを可能にします。相手に対して否定的な発言を批判したり、劣化させたり、主張したり、攻撃したり、逃げたりするたびに、それは切り離され、パートナーシップの愛を侵食することを理解してください。第2章の4つの間違いは、どんな関係にも破壊的なことができます。これらの間違いの1つ以上があなたの関係に存在する場合は、あなたがまだそこにいない場合は、愛のない感じに速い軌道に乗る可能性があります。

重要な問題について話したくないので、感情的にシャットダウンしたり、チェックアウトするたびに、パートナーシップに距離が生まれます。それはパートナーシップの愛に悪影響を及ぼします。

あなたが常に怒っているとき、どのようにあなたのパートナーに愛を示すことができますか?できませんよ。何らかの理由でいつも怒鳴っているパートナーを愛するにはどうすればよいでしょうか。できませんよ。これは、あなたがパートナーとしてチェックアウトし、悪いルームメイトに過ぎないときです。

パートナーからの愛をほとんど感じない、あるいはまったく感じないのであれば、私は彼らが同じことを感じることを約束します。この場合、あなたとあなたのパートナーはお互いに敬意を失っています。あなたのパートナーシップに対する怒り、恨み、複雑な感情.これは、あなたが悲惨なパートナーシップにさえいらっとなのか、お二人が疑問に思うポイントです。

愛の欠如はパートナーシップを傷つける可能性があります。これが起こったと、あなたがそれを回したい場合は、それを所有し、”あなたは正しい、私は間違っている”と言います。

あなたとあなたのパートナーのための質問

私たちの一方または両方が感情的にチェックアウトされているので、私たちは愛されていないと感じたことがありますか?

私たちはお互いの日を楽にするために何をすることによってお互いに愛を示していますか?

私たちはお互いを愛し、お互いにコミットしているという疑問を持っていることがありますか?もしそうなら、私たちはそれらの疑問をどうしますか?

私たちはお互いにコーヒーを飲んだり、くつろぐのを助けるためにお風呂を走らせるなど、小さな方法でお互いに愛と感謝を示していますか?

私たちは立ち止まって、尋ねられたときにお互いに耳を傾けますか?

お互いのためにそこにいるべきだと気づいたら、私たちは自分の計画をキャンセルしますか?

私たちはランダムな時間に抱きしめてキスし、お互いにどれだけ愛しているかを知らせ合いますか?

私たちは定期的にセックスと親密さのためにプライベートな時間と空間を守っていますか?

お互いに腹を立てるとき、私たちは一息ついて、お互いに愛し、お互いを大切にしていることを思い出させ、それが一番下の行です。

私たちはそれぞれ自分自身の世話をするので、私たちは他のオファーの愛を取り入れた気分ですか?

愛されていると感じるためのツール:希望

あなたのパートナーは、あなたが永遠にそこにいることを願って、あなたと献身的なパートナーシップを締結しました。だから、あなたのパートナーはまだあなたが永遠にそこにいると感じていますか?永遠にそこにいたいメッセージを送るのか、それとも沈没する前に燃えている船から降りたいというメッセージを送るのか。

基本に戻り、パートナーを優先する時が経ちます。ホープツールが役立ちます。パートナーを最優先事項にすることは、愛を関係に戻す鍵です。パートナーに再び愛されていると感じさせることで、関係を好転させることができます。

それは簡単ですが、それは犠牲を払い、健全な関係の邪魔になるものを手放す必要があります。それは、同じページに乗って、過去を手放し、この関係はあなただけではないことを思い出すことです。

あなたのパートナーと一緒に座って、彼らを狂わせるすべてを調べろ。彼らにあなたを愛し、尊敬し、再びあなたを信頼してほしいと伝え、あなたはそれをより良くする準備ができています。

アクションアイテム
質問をする
あなたのパートナーを狂わせるものは何ですか?3 日間のルールを使用して確認します。彼らはそれを作り上げていないことを理解してください。それは彼らが物事を見る方法です。4日目に話し合う。

今度は3日間ルールを適用する時が過ごします。これはこのように動作します。すべての問題の一覧をコンパイルします。少なくとも1ページまたは 2 ページの実際の問題が発生している必要があります。今すぐあなたが変更を加えることができるかどうかを確認するための創造的な方法を見つけることを試してみてください。判断せずに実際の問題を処理するには3日かかります。あなたの最初の応答を理解することはまさか! あなたは防御的 になります–それは単なる人間性です。落ち着いたら、リストを見ていきましょう。あなたは何が合理的であるかを見る必要があります。より複雑な問題については、パートナーに相談して、妥協できるかどうかを確認します。そうやってパートナーが優先事項であることを示すのです。

あなたはコミットし続ける必要があります。それはあなたが上下を通過しても、ポジティブであり続けることを意味します。それらの否定的な考えをつぶして、あなたの行動があなたの言葉よりも大きな声で話すことを覚えておいてください。あなたは岩であり、あなたのパートナーはあなたを頼りにし、それはあなたが希望を現実のものにする方法です。だから、それはあなたのパートナーを優先する時間であり、それは複雑ではありません。それはコミットメントを必要とします。

ストレス
なたのパートナーのストレスを減らして人生の仕事をする
夕食はどこ？
私は時間を忘れました
食料品店に行くのを忘れました
洗濯をするのを忘れた

殺害ストレス

確かに、彼らは自分でそれをすべて行うことができますが、本当のパートナーは彼らをさせません。

ストレスは皆の日常生活に存在します。それでは、パートナーがそれに対処し、さらに重要なことに、それを減らす上で、どのように肯定的な違いを生み出すのでしょうか?ストレスの多いイベントは、パートナー自身と自分の世界に対する見方を変える可能性があります。人生、仕事、人間関係、安全、そして未来に対する彼らの気持ちを変えることができます。あなたが切断されている場合は、あなたも知ることはありません。

パートナーに依存してすべての家庭活動を処理する場合は、デフォルトで自分の生活にストレスを加えることを理解してください。さらに悪いことに、あなたのパートナーは、彼らが最小のことを当てにできないと感じ、尋ねるのをやめた人生の場所にいるかもしれません。あなたのパートナーにとっては、自分でそれを行う方が簡単で、イライラが少なくなる可能性があります。

ほとんどの場合、あなたはすでに過負荷に陥っているので、追加の財政、家族、健康、および仕事の問題は、すでに忙しいスケジュールにどのように適合しますか?彼らはしません。特に、一人のパートナーが負担のほとんどを担う傾向がある場合。ストレスはまた、親密さの喪失とロマンスの死につながる感情的な距離を引き起こす可能性があります。

パートナーシップが強く、両方のパートナーがストレスを管理する場合、損失、トラウマ、悲劇、その他の問題から跳ね返る能力は心理的回復力と呼ばれます。これらの問題が問題になるのは、パートナーシップが弱いときです。

あなたのパートナーが常にピンと針の上にある場合は、あなたの仕事をしていません。これが起こったと、あなたがそれを回したい場合は、それを所有し、”あなたは正しい、私は間違っている”と言います。

あなたとあなたのパートナーのための質問

私たちは通常、お互いのストレスに加え、お互いのストレスを軽減しますか?

家庭活動のすべてを処理することになると、お互いのストレスを増やしていますか?

私たちはお互いに休憩を与え、リラックスするために何をしますか?

私たちの一方または両方は、他の人のストレスを追加する制御上の問題を持っていますか?

私たちの一方または両方が小児期の問題に苦しんでいるか、PTSDに苦しんでいますか?

私たちの外部の家族は私たちのストレスを増やしていますか?それが起こっているのを見たら、私たちはお互いのストレスを軽減しようとしますか?

私たちは関係の状態にストレスを感じていますか?

私たちは、他の人が私たちがかつてほど関係にコミットしていないと思うので、私たちのどちらかが強調していますか?私たちの一方または両方があきらめましたか?

私たちの一方または両方は、パートナーシップにストレスを追加する健康上の問題を抱えていますか?

私たちは戦わずに話ることができないように見えるので、私たちは常にピンと針の上にいますか?

ストレスを殺すツール:それはあなたの仕事です

過負荷のパートナーを助ける秘訣は何ですか?彼らはストレスを受けないように負荷を軽減するためにあなたの仕事をしてください,それはそれが取ることを意味します.パートナーが決してストレスを感じないようにするのが自分の仕事であるという考え方で人生に近づくと、あなたはゲームに先んじています。

それはあなたの仕事はあなたのパートナーのストレスを軽減するためのゲームチェンジャーです。ただ座って、私があなたに求めているものとその理由を処理してください。そして、パートナーをストレスから解放するために必要なものを理解してください。それは尋ねるのは大きなことであり、私はこれからの報酬の数を数えることができません。それはあなたの仕事でキックインする時間です。

パートナーにストレスの兆候が見えたら、親切で思いやりのある方法で何が起こっているのかを調べてください。あなたは悪い一日を過ごしていますか?私は助けることができますか?または私はそれをより良くするために何ができますか?あなたが本当にあなたのパートナーを知っているとき、あなたは彼らが助けを必要とする場所を正確に知り、それをするだけです。仕事に関しては、それを成し遂げ、何でもやって、文句を言わずにやるだけです。

アクションアイテム

妥協

それはあなたのパートナーのための時間を作る時間です。1週間、それらの試合を見てキャンセルし、ちょうどあなたの二人についてそれを作ります。ちょうど1週間。

財政が問題であると言うと、あなたはお金を処理します。あなたのパートナーと一緒に座って、問題を解決します。借金を減らすための戦略を立てる。これは、赤字を減らすために不可欠なものを販売したり、外食や毎日のコーヒーランを行うなどの継続的な支出を減らす必要がある難しい決断をすることを意味するかもしれません。目標はストレスを軽減することです。

親密さは、すべてのパートナーシップで重要であり、行方不明の場合、それはパートナーシップにストレスを追加します。あなたは忙しくて切断され、あなたとあなたのパートナーが一緒に本当の楽しみを持っていた最後の時間を忘れましたか?もしそうなら、一緒に楽しむのはあなたの仕事です。映画の散歩、ピクニック、ゲーム、旅行、手をつないで、抱きしめ、一緒に笑うことに行くことは、普通の気分になる薬です。

あなたのパートナーのためにあなたのスケジュールに時間を作ります。あなたのパートナーとの関係は、他のすべての優先順位とスケジュールを切り捨てます。誤解が緊張の源であるので、あなたがお互いに持っているものを祝い、明確かつ丁重にコミュニケーションを取ってください。

あなたのパートナーなしで主要な意思決定を行うと、常にストレスが追加されます。つまり、パートナーが同意し、あなたと同じページに表示されていることを理解するのはあなたの仕事です。常にループであなたのパートナーを維持し、常に愛と善意と通信します。

あなたの仕事に堪能であることは、それが痛い場合でも、真実を話し、あなたのパートナーに正直であることを意味します。これは、パートナーシップと信頼に正直をもたらし、秘密を減らし、ストレスを減らすので、関係にストレスを軽減します。

気性

あなたの潜在意識を制御し、あなたの気性を失うのをやめましょう

テイミングテンパー

パートナーのボタンを何度も押しすぎると、彼らはただ動作を停止する可能性があります.

気性が悪いと、パートナーシップに対して有毒になる可能性があります。これは、両方のパートナーにさまざまな問題を引き起こす可能性があります。気性が悪くて、爆発したり、怒鳴ったり、物を投げたり、脅迫をしたり、パートナーの名前を呼んだりすることが多い場合、それはあなたができる最悪の事態です。短いヒューズを持っているか、すぐにコントロールを失う場合、それは日常生活のための標準になることができます。

気性が悪いのは、あなたの周りにいる人にとっては不健康です。気性は悪い習慣になる可能性があり、適切な怒りの管理スキルがなければ、あなたのパートナーや家族があなたがそれを失う可能性のあることを言うことを恐れることができます。あなたがその人なら、あなたの家族があなたの周りの卵の殻の上を歩くことを約束します。彼らはまた、あなたに反対したり、あなたが同意しないかもしれないものを共有することはできませんように感じるかもしれません。

気性はしばしば否定的なものと呼ばれます。それは特定の気分や心の状態(必ずしも悪いものではありません)を表していますが、誰かが”あなたはかんしゃくを起こしている”と言うとき、彼らは通常、あなたの気持ちを制御できないという意味です。少しでも不便な時でも、戦って怒る傾向があるか、周りの人に十分な忍耐力がないかのどちらかです。

現実は、誰も物を投げたり、聞かけるためにコントロールを失う必要はありません。かんしゃくを起こすのは悪いプログラミングです。これが起こったら、それを所有して”あなたは正しい、私は間違っている”と言っても大丈夫です。

あなたとあなたのパートナーのための質問

私たちのどちらかがコントロールの問題を抱えているのですか?私たちのどちらかは、いつ止まらうべきか分からないと言われましたか?

議論中に言葉でお互いを傷つけますか?

議論の間、お互いのボタンを押して、それを失うのでしょうか?

私たちはお互いに「ごめんなさい」と言いますか?

私たちのどちらかは怒り以外の感情を表現するのが難しいでしょうか。

私たちは丁重かつ建設的に議論していると思いますか、それともお互いに強引ですか?

私たちはお互いを刺激するために、私たち一人一人がすでに知っていることをお互いに説明していますか?

議論の中でお互いに視点を表現させるのか?意見が合わなくても,わたしたちは互いに忍耐,理解,思いやりを示し合うでしょうか。

もっと大きな声で話すと、相手が私たちを理解しやすくなると思いますか?

気性を飼いならすツール:あなたのおしゃべりボックスをチェックしてください

誰もが悪い一日か2日を過ごすことを許されていますが、特に定期的に行う場合は、パートナーに対して積極的であることは、あなたの関係に悪影響を及ぼします。怒りが気性に移行すると、私はこのチャッターボックス症候群と呼びます。それはあなたの潜在意識が引き継ぎ、あなたがそれを失うまで、あなたが自分自身を働くところまであなたのパートナーを忘れたり許したりさせないときです。

小さな問題に対する通知ですぐにかんしゃくを起こすと、悪い習慣や悪いプログラミングになり、おしゃべりをチェックする時が来ます。

アクションアイテム
妥協
パートナーと話をする。私は本当の話を意味する – テーブルの上に問題を置き、勝利/勝利のためにそれを話す。

このチャッターボックスとは何ですか?最も簡単な例を次に示します。それはあなたの潜在意識があなたをとても働かすとき、あなたは爆発しなければならない。あなたは今までに交通渋滞で遮断されたことがありますか?つまり、断ち切るということです。次に何が起こりますか?その人は陽気な道を行く。しかし、あなたは戦闘旗のように運ぶ内部の怒りの段階で一日を通過します。

あなたのチャッターボックスは、それがあなたを巻き上げることができない場所にその内なる声を置く方法をチェックしてください。それを行う方法をいくつか紹介します。まず、10まで数えます。あなたがこれを行っている間に深呼吸をして、それらの否定的な感情から気をそらすために何か他のことを考えてください。チャッターボックス は、あなたの“戦い”の応答をエスカレートしたいと考えています。その潜在意識の声を意識させると、あなたはそれを制御することができます。

不安や怒りを感じ、あなたのチャタボックスが停止しない場合は、状況から自分自身を削除します。運動に数分を与えたり、長い散歩をしたり、瞑想したりしてください。負のエネルギーを放出するために、現時点で適切なことを行います。その後、落ち着いた後、あなたのパートナーと話してください。コントロールを失うことなくあなたを悩ませていることを言い、合理的です。

そして、そうして初めて、あなたは一緒にあなたの人生の残りの部分についてあなたのパートナーに話すために強さと平和の場所にいることができます。潜在意識をコントロールできる場合にのみ、パートナーと推論することができます。複雑なトピックにパートナーシップとしてアプローチし、後悔することなく行動のコースを決定することができます。

依存症が起きていて、あなたが激しい議論をしている場合は、おしゃべりをチェックするなど、合理的な意思決定を行うことはほとんど不可能であることを理解してください。それは悪い状況であり、パートナーにとって不公平です。このような状況で発生した損害は、元に戻せない場合があります。後で会話をする必要があります。現時点では、あなたが地味なときにそれらを再訪できるように、あなたの考えを書き留めたり録音したりしてください。現時点では、あなたにコンセントを与えるでしょう。

あなたが持っているすべての違いをめぐって戦することは賢明でも実用的でもありません。あなたは議論に勝つかもしれませんが、最終的にはパートナーシップを弱めます。より合理的な議論を確立するために、負のエネルギーが冷める時間を与えます。

パートナーを変えようとすることに集中しないでください。できませんよ。ただし、パートナーに影響を与え、自分の立場の利点を示すことができます。パートナーに影響を与えるには、自分がコントロールするのではなく、協力に役立つポジティブな環境を作り出すことができます。

時には、何があなたを悩ませているのかを理解する必要があります。それはあなたが戦っている問題ではないかもしれません。あなたは常にマイナーな問題に対する怒りを失っている場合は、それが十分なダメージを与えているので、あなたのチャターボックスをシャットダウンする時間です。それを手放すだけで大丈夫です。

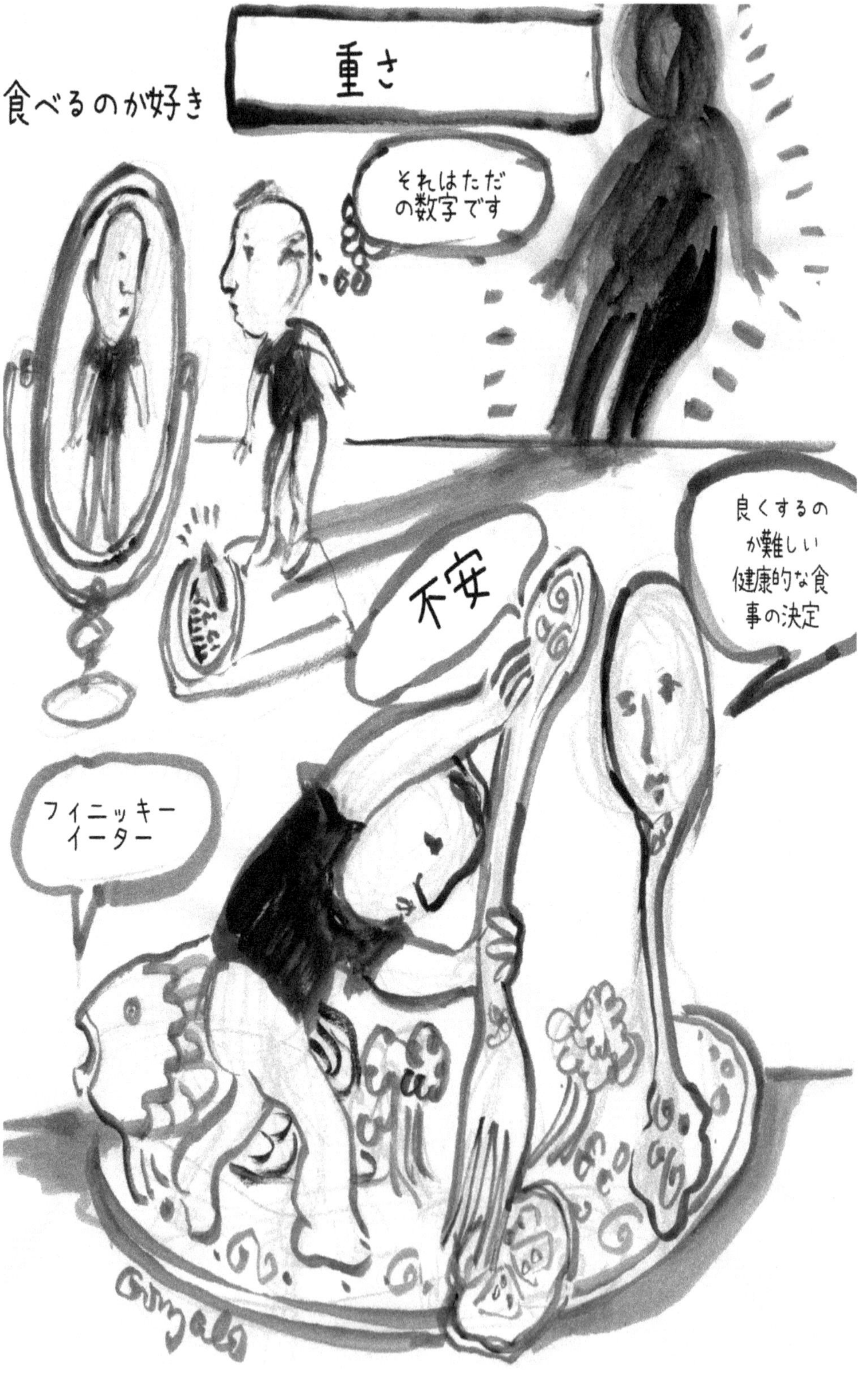

重さ
食べるのが好き
それはただの数字です
不安
良くするのが難しい健康的な食事の決定
フィニッキーイーター

体重の管理

あなたのパートナーはあなたを変更することはできません。しかし、あなたはあなたのパートナーを愛しているので、あなたは変えることができます。

多くの人にとって、体調を維持し、体が好きになるのは難しいです。たぶん、あなたは太りすぎや体重不足です。それはあなたの顔やあなたが夢中になっているあなたの体の他の部分かもしれません。人々は自分の体が非常に多くの移行を通過するのを見て、あなたが回るたびに、あなたはせんべいを食べるだけで体重増加に苦しんでいる間、アイスクリームやドーナツを食べる若くて美しいスキニーの人々がいます。人生はただ不公平です。

あなたは、彼らが異なって見えるようにしたいので、あなたが批判したり、カジュアルなワンライナーを落とす体重の問題に苦労しているパートナーを持っていて、彼らが太りすぎまたは体重不足にどのように見えるかに不満ですか?それはより健康的なパートナーを得る方法ではありません。

あなたのパートナーが太りすぎであることを意識している場合は、彼らが服を脱いだり、ライトをつけた状態でそれらを見て欲しくないかもしれません。ボディイメージは、誰の心理的なメイクアップの不可欠な部分です。あなたのパートナーの自尊心が苦しんでいるとき、それは彼らが賛辞を受け入れるか、あるいはあなたの周りに快適に感じることを困難にすることができます。

体重の問題は個人的なものであり、各人がそれらを異なる方法で処理します。彼らのルックスに不満を持っている人は非常に多く、それは強迫観念と不健康になるほどです。

ウェイトの会話は境界を越えることができます。これが起こった場合、それを所有して、”あなたは正しい、私は間違っている”と言っても大丈夫です。

あなたとあなたのパートナーのための質問

私たちはお互いの体をそのまま受け入れますか?

私たちはお互いの現在の重みを解決する必要がある問題と見なしていますか?

私たちはお互いの利益を見たとき、または体重を減らすときに気づき、コメントしますか?私たちはそれぞれがそれらのことを聞くのが好きかどうかを知っていますか?

二人にとって健康な食べ物の選択をするのでしょうか。

もう一方が体重を減らそうとしているときに、私たちのどちらかがジャンクフードを持ち帰りますか?

私たちは皆、他の人が私たちの体のイメージの周りに励まされ、サポートされたいと思う方法を知っていますか?

私たちはお互いが自分自身について良い気分にするのを助け合いますか?

私たちはお互いに食べるものをコントロールしようとしますか?

私たちのどちらかは、他の人が自分の体重や体重の問題で助けを得ることを要求していますか?

私たちは、他の人がより多くを解決する必要があることをほのめかしていますか?

私たちは、体重を減らしたり、体重を増やしたりすることによるお互いの困難について判断せずに話しますか?

重量を管理するためのツール:それはちょうど数字です

現実には、体重は多くの人にとって問題です。問題は、あなたはそれについてあなたのパートナーを狂わせますか?もしそうなら、このアプローチを取る:それは単なる数字です。その数は上がって下がる可能性があります。あなたの体重があなたを悩ませる場合は、より良い食べ物を食べ、運動してください。しかし、あなたのパートナーの体重があなたを悩ませる場合は、彼らが自分のやり方でそれに対処できるようにする必要があります。

あなたは、彼らがあなたにいるように頼んだ場合にのみサポートされ、傷つくよりもどのようなサポートが役立つのか尋ねます。それ以外の場合は、何も言わないし、どちらか一方のコメントをすべきではありません。それはただの侵略であり、境界を越えています。そこから出てくる良いは絶対にありません。

あなたのパートナーの体重があなたを悩ませる場合は、あなたができる最悪のことは、体重を減らすか、体重を増やすためにそれらを圧力することです。それはあなたのパートナーとあなたのパートナーシップにストレスを追加するだけです。それは通常、あなたが望むものとは反対の反応を得る。あなたのパートナーが反抗するか、シャットダウンすることを期待してください。あなたのパートナーが健康になる準備ができたら、それを実現できるのは彼らだけです。ポジティブなサポートがそれにアプローチする唯一の方法です。それはちょうど数字は、ここで使用する考え方です。つまり、あなたのパートナーがあなたの穏やかなサポートを受けて、彼らの条件とタイムラインでそれをやらせることを意味します。

アクションアイテム

正しい選択をする

あなたのパートナーがあなたの励ましを必要とするならば、彼らと一緒に彼らの道を歩いてください。彼らと一緒に彼らのトレーニングを行います。彼らと一緒に健康的に食べる。一緒に変更を行います。 それはパートナーシップです。

健康的なライフスタイルの秘訣は、あなたの意志力を習得することです。あなたがコントロールしているとき、意志力は正しい決定を下す鍵です。オフになると、それはあなたの最悪の敵になる可能性があります。たとえば、健康的に食べることを目標にしていますが、仕事や家族の問題に埋もれます。あなたの意志の力は、その最も低いポイントにあり、あなたは自分自身がアイスクリームのガロンを食べることを見つけます。誰かがあなたを止めようとしたら、私が言えるのは幸運だけです。意志力が上昇し、下降することを理解し、一日のあらゆる瞬間にそれを最大化することは不可能です。ただ、それに注意してください。

あなたのパートナーが健康的に取得し、あなたの助けを求める場合は、彼らのためにそこにいます。あなたが夢中ではない食べ物を食べることを意味するなら、それをしてください。あなたのパートナーが散歩に行きたいと思っていて、あなたが走るのが好きなら、ただ歩いてください。あなたが道のすべてのステップにいるなら、あなたは彼らが努力し続けることを容易にします。
あなたのパートナーが積極的に健康的に食べてうまくいく努力をしているが、結果が見えない場合は、”あなたは素晴らしい見える”や”私はあなたを誇りに思う”のような肯定的なコメントをすることは違いをもたらします。否定的なコメントは彼らをシャットダウンするだけで、モチベーションを失うだけです。

あなたのパートナーが努力しているときは、家にジャンクフードを持ち込まないでください。あなたのパートナーがドーナツ中毒を持っていることを知っているなら、朝食のために十数個の家を持ち帰ることは単に意味します。あなたのパートナーが健康的なレシピや常にうまくいかない食品を試してみる努力をしている場合は、彼らの努力に満足してください。そして、あなたのパートナーは、あなたが料理でキックしたり、彼らが仕事に行くことができるように子供たちの世話をする必要がある場合は、キックイン。

健康を維持することは生涯にわたるプロジェクトです。それは決して終わりません。良い日と悪い日があるでしょう。暴飲暴食とジューシーがあります。それは単なる数字であり、上がったり下がったりすることができるので、それは大丈夫です。そして、あなたのパートナーを批判することを考える前に、鏡をよく見て、あなたがどう見えるかを見てください。最初の石を投げてはいけません。

現実には、あなたのパートナーが彼らが良く見えると感じるとき、それはまた、彼らが自分自身について良い感じになります。それはウィンウィンの状況です。あなたが内部の美しさを見つけ、彼らが常に美しいと感じさせることができれば、あなたはそれがちょうど数字です。スケールが言うことではなく、あなたのパートナーが誰であるかのためにあなたのパートナーを愛してください。あなたのパートナーがライトをつけた状態であなたの前で服を脱ぐことができるとき、あなたは成功したことを知るでしょう。それが目標です。

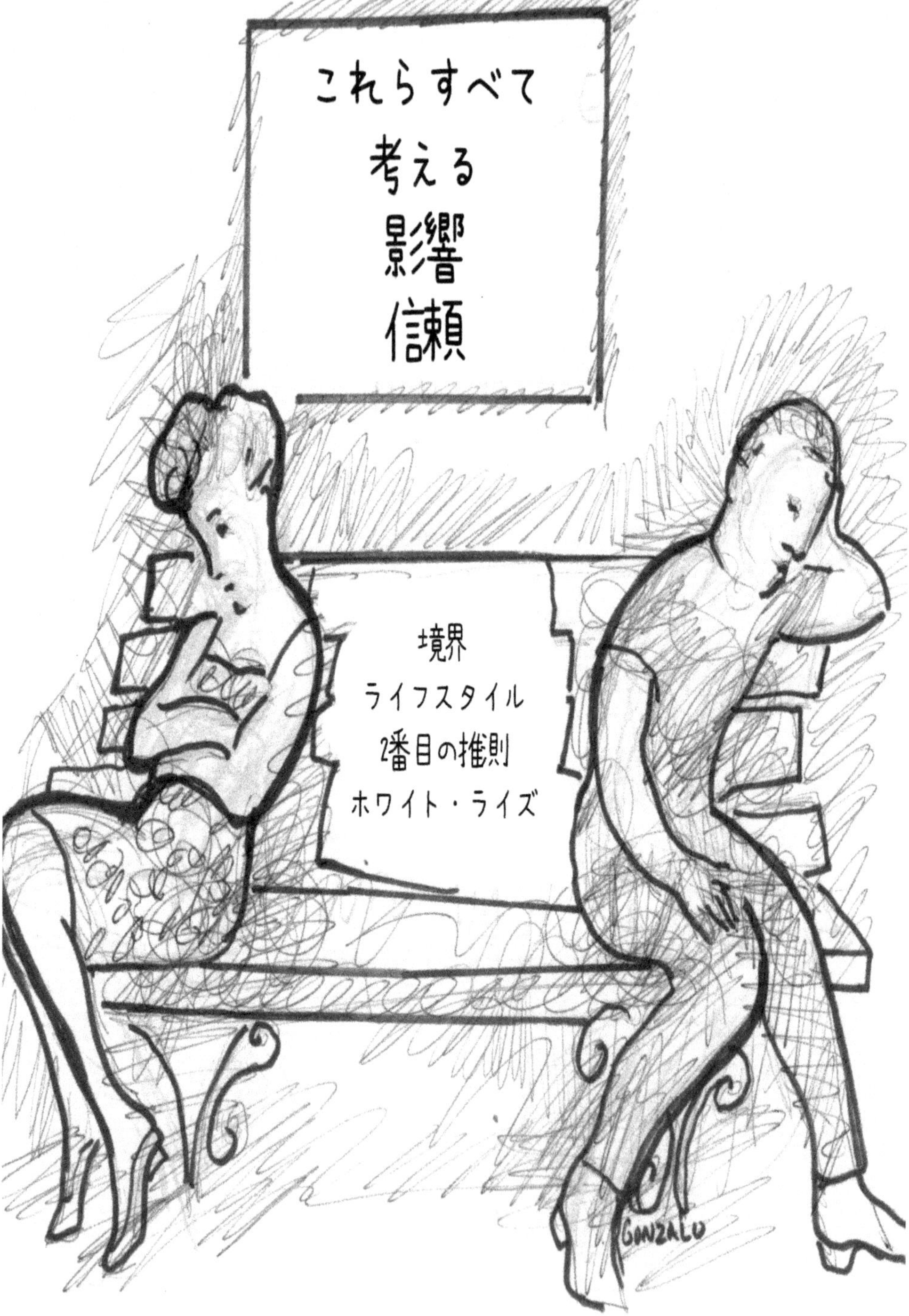
これらすべて
考える
影響
信頼
境界
ライフスタイル
2番目の推測
ホワイト・ライズ
GONZALO

第 10 章:
リレーションシップの信頼関係のための毎日のツール

境界を維持する
行動する前に考えてください

いちゃつく前に誰と
維持します
あなたを見ています
考えてみてください
あなたがいる道
着手しようとしています。

境界を維持する

それは愛の欠如ではなく、不幸なパートナーシップを生み出す信頼の欠如です。

パートナーとの愛と誠実さを第一に考え始めるのに十分な不幸があったのはいつですか?あなたが応答を気に入らなくても、あなたが正直になる準備ができていると嘘をつくのに十分な時間を持っていたのはいつですか?言い訳をせずに約束を守り始めるのに十分なストレスがあったのはいつですか?自分に正直になり始め、悲惨な関係のためにパートナーを責めるのをやめるのに十分な罪悪感を持っていたのはいつですか?パートナーシップの将来を所有し、さらに重要なことに、パートナーシップの将来を十分に持っていたのはいつですか?

健全なパートナーシップには境界が不可欠です。彼らはあなたが何に慣れているか、そしてあなたのパートナーによってどのように扱われたいかを確立します。あなたはすでに境界が健全な関係のほぼすべての側面で役割を果たしていることを見てきました。パートナーの境界を尊重し、あなたの境界を尊重するのを助け、あなたは幸せな人生を送るでしょう。それらを渡って、あなたは必要以上に人生を難しくしています。境界を設定し、維持することはスキルです。残念ながら、それは多くの人が学ばないスキルです。

境界に違反すると、パートナーの信頼に影響します。その違反は、人のスペース、家族、友人、プライバシー、財政、信念、健康状態などを尊重しないような多くの味で来ます。多くのパートナーは、お互いの境界問題について公然と議論したり、認めたりしたことはありません。しかし、あなたのパートナーが境界についてどのように感じているかわからない場合は、本当にあなたのパートナーを知りません。

パートナーを変更したり、部外者を使って問題を解決しようとしている場合は、一線を越えました。あなたが脅迫や脅迫を使用している場合は、一線を越えました。あなたが利用したり、害を与えた場合は、一線を越えました。

パートナーの物を取って、彼らがそれを残す場所が気に入らないので動き回ったり、尋ねることなくパートナーの電話、メール、メールを通過したりすると、一線を越えました。パートナーが許可なくソーシャルメディアにコメントや画像を投稿したくないときにパートナーの写真を撮ると、一線を越えました。あなたが尋ねることなく彼らの皿を食べたり、ソファの上でいつもの場所を取るとき、あなたは境界を越えました。

境界を越えるのは、失礼の兆候です。これが起こっている場合は、それを所有し、”あなたは正しい、私は間違っている”と言っても大丈夫です。

あなたとあなたのパートナーのための質問

私たちはお互いのものを家の周りに動かすのですか?

家の中で物事が行われている方法、つまり私のやり方やあなたのやり方ではなく、私たちのやり方のために、私たちは他の人に軽蔑されていると感じたことがありますか?

私たち一方または両方は、子供たちの育ち方をコントロールしなければならないと感じていますか?

一方または両方が、物語がどのように伝えられているか、またはアイデアが表現されているかを修正するために、他方を中断しますか?

私たちのどちらかは、相手の友人が彼らのために良くないと感じていますか?

私たちのどちらかは、他の人があまりにも多くのいちゃつきだと思いますか?

私たちのどちらかは、他の人が友人やソーシャルメディア上であまりにも多くの個人情報を共有しているように感じますか?

境界を守るためのツール:行動する前に考える

健全なパートナーシップを築くためには、境界を確立することが重要です。問題は、健全なパートナーシップを持っていると思いますか?あなたのパートナーは、彼らの境界が尊重されることを知ってあなたとすべてを共有することは完全に快適ですか、それともあなたのパートナーが過剰共有し、あなたのパートナーの境界に違反した歴史があるので、あなたから物事を守っているパートナーを見つけますか?もしそうなら、行動する前に考えてみてください。

どんなに長く一緒にいても、パートナーと知り合いのように新鮮な考え方を保つようにしてください。あなたが出会ったばかりの時のように、あなたは彼らの境界や動機を知らないし、彼らはあなたを知らない。つまり、コミュニケーションを取る必要があります。あなたはすでに知っていると仮定することはできません。この演習は、愛と希望を示し、あなたがパートナーシップを気にしていることを示しています。

まず、境界(金融、知的、物理的、感情的、性的)に関するメモを作成します。あなたのパートナーは、あなたが違反を感じさせる何をすることができますか?パートナーに自分のリストを作成してもらい、そのリストを互いに表示してもらいます。あなたはこれらの境界を認識していましたか?パートナーのラインを越えるために何が必要か知っていましたか?相互に合意できる内容と、受け入れられないものを知ることは、ここでの目標です。

アクションアイテム

正しい選択をする

行動する前に考えてみてください。はい、興奮の目を持って他の人を見るのは間違っています。それはあなたのパートナーを傷つけます。

今、あなたがこれらの境界を越えたとき、そしてあなたのパートナーに与えた影響を思い出してください。謝った?あなたは敬意を払っていましたか?あなたが害を及ぼした場合、あなたは妥協や解決に来ることができましたか?

考える前に法の第二部は、あなたがより良いパートナーになる準備ができていることをパートナーに知らせることであり、あなたは彼らの境界を尊重する上でより良くなるでしょう。これを行う1つの方法は、感情や哲学を伝えるときに、”私”の声明の代わりに”私たち”を使用し、”あなたはいつも”から始めないことを覚えておくことがあります。または”あなたは決して.”決して最後通告をしないでください。　あなたは敵と交渉していません。あなたはいつもあなたのパートナーを口説いています。

家族はあなたの関係の端の周りに渦巻くでしょう。彼らがどこまで行くことができるかの境界を設定します。各拡張家族のルールを設定し、あなたのパートナーが悪者であることを防ぐのは、各パートナー次第です。家族や境界に罪悪感を感じている場合は、リセットしてください。

これらのルールは友人にとっても同じです。友人との相互の境界を設定し、それらを持っているお互いのスペースを尊重します。パートナーが友人に会うのを断ち切った場合は、それが正当化された理由をリセットして判断し、それらの境界をリセットする時が経ち込みます。

目標や夢に関しては、他のパートナーに影響を与えない限り、おそらくあなたが持っていないお金がかかる場合は、誰もパートナーに夢を追求できないと言うことはできません。それが起こるとき、パートナーの支出がどこまで行くことができるかについて相互の境界を設定します。彼らの夢があなたに影響を与えていない場合は、彼らに夢を見せてください。あなたがそれが愚かな考えだと思うのでそれを止めるなら、境界が交差し、リセットする時が過ぎです。

あなたとあなたのパートナーが性的な境界を設定したことがない場合は、このトピックを訪問し、同じページにいる時間かもしれません。ここでのルールは、パートナーが安全で安全で、それらの境界について合意がある範囲で、パートナーが好きなら実験的であることを開くべきです。これは健全な会話であり、両当事者が幸せであることを保証します。

私は前にこれについて言及しましたが、私は再びそれに対処したい:どんな形でいちゃつくの周りの境界を設定するための良いルールは、あなたのパートナーの前でそれを行うことができれば、それは良いことです。あなたのパートナーが最初に部屋から出るまで待っている自分を見つけた場合、答えはノーです。あなたがすでに頭の中で作っている言い訳が何であれ、あなたは境界を越えたことを知っています。

幸
せで健康で充実したパートナーシップを生み出す最も重要な要素の1つは、境界を尊重するマスターになることです。その過剰達成者になる。

ライフスタイル
姿勢調整
あなたは二
人です別の人
秘訣はあなた
とあなたのために
同期するパートナー。
Gonzalo

ライフスタイルを生きる

人生はヘルメットゾーンです一
常に建設中です。

ほとんどのパートナーシップは、マンネリ化感の段階を経ることができます。パートナーはお互いを愛し合うところまで来るかもしれませんが、もはや”恋に落ちる”とは感じられません。人々が変化し、成長し、お互いに慣れるにつれて、それは時間の経過とともに起こる可能性があります。パートナーが一致していない場合や、パートナーの視点に関心がない場合は、問題になります。

パートナーは、どこに住むか、仕事のバランスを取るかお金を使うか、旅行や儀式を食べるのにどれだけふけるか、子供を持っているかどうか、そして何人についての異なる願い、信念、またはアイデアを持つことは一般的です。目標は、一緒にこの世界をナビゲートすることです。あなたが同じページにいないし、それが一方のパートナーの視点のすべてである場合、もう一方のパートナーは目に見えないか、裏切られたと感じるかもしれません。そのパートナーは、アイデンティティ、ビジョン、夢の喪失を感じ、パートナーシップを破ります。

交際、互換性、本当の愛、共有の歴史、そしてあなたのパートナーを内外で知ることは、人々がパートナーシップで大切にしているものです。これらの重要なコンポーネントの1つ以上がパートナーシップで変化したり欠けている場合、それは問題が始まるときであり、必ずしもライフスタイルの変化とは限りません。

たぶん、あなたはあなたのパートナーがまだ楽しませて旅行するのが大好きですが、カウチポテトになりました。あなたはただ冷やしたいだけです。パートナーはアクションを望んでいます。これらの違いに一緒に来て、これらの違いに対処するソリューションを持っている限り、パートナーがやりたいことすべてに気に入ったり同意したりする必要はありません。しかし、違いが優越や軽蔑の態度を伝える否定的な行動を作り出してはいけません。

ライフスタイルの違いが軽蔑を生み出してはいけません。あなたがこれを行っている場合は、それを所有し、あなたは正しい、私は間違っている。

あなたとあなたのパートナーのための質問

最高のライフスタイルの私たちの個人的なビジョンは変わりましたか?私たちはまだ良い人生を作るものについて同じページにいますか?

私たちはお互いの周りにいるのが好きですか?

私たちのどちらかは、他の人と一緒に時間を過ごすことを避けますか?私たちは何らかの方法で切断されていますか?

私たちの一方または両方は、他の人が過去の自己のいくつかのバージョンになることを望むことがありますか?

私たちは、私たちが今誰であるかよりも、過去に一緒にいた人が好きですか?

私たちのどちらかは、私たちが成功したか失敗したか気にせず、他の人がパートナーシップをあきらめたと思いますか?

私たちのどちらかは、私たちが同じことを楽しんでいないので、他の人があまりにも多くの時間を離れて過ごすと思いますか?

私たちはまだ一緒に楽しみを持っていますか、それとも私たち自身の利益を追求しているときだけ楽しみを見つけますか?

私たちはお互いを幸せにするために正しい選択をしていると思いますか?

私たちはお互いに変化するライフスタイルの選択を受け入れることを期待していますか?

お互いのライフスタイルの選択の変化を分かち合いたいですか?

たとえ私たち一人一人がさまざまな方法で人生を経験したいと思っていても、私たちは共通点を知っていますか?

私たちは、ライフスタイルの期待に変化があったとしても、私たちが誰であるかのためにお互いを好きで愛していますか?

ライフスタイルを生きるためのツール: 姿勢調整

最も強い関係は、両方のパートナーが自分自身であり、またお互いを尊重することができるものです。あなたは前にそれを聞いたことがあります:反対は引き付け、それに伴う2つの異なる種類の人々が来て、人生を見る2つの異なる方法があります。あなたは内向的であり、あなたのパートナーは外向的になることができます。あなたはパーティーの人で、あなたのパートナーは本の虫です。あなたは旅行が大好きで、あなたのパートナーはホームボディです。それでは、パートナーシップでどのように機能するのでしょうか?あなたのゲームプランがパートナーを変更または制御して、彼らがないものにする場合は、もう一度考えてみてください。

ここで姿勢調整が出てくる。パートナーを変えようとしないでください。自分が誰であるかを受け入れ、彼らの視点に興味を持つ。彼らのライフスタイルの選択についてのコメントで彼らを恥じてはいけません。パートナーが何を着ているのか、何を食べているのか、人前で外出しているときにいつもみんなと話しているのが嫌いな場合は、何かを言う前に冷静な期間を与えてください。いっそのこと、何も言わないでください。それを手放してください。それは彼らの人生です。彼らは少なくともあなたと一緒に自分自身になり、彼らはあなたの否定的なコメントなしで自分の決定を行うことができます。

姿勢調整のもう一つの要素は、パートナーの違いに対する賞賛を築く上に集中することです。彼らを賞賛するために違いの中で何かを見つける。自分の行動でその違いを取り入れたくない場合でも、違いを受け入れることを知らせるパートナーのために何かしてください。たとえば、パートナーがフライドポテトを注文するのが大好きで、揚げ物があなたを殺すと思うなら、フライドポテトを注文してください。あなたは何も食べる必要はありません!ああ、それが肯定的でない限りコメントしないでください!

アクションアイテム

妥協

一歩下がって、パートナーとの問題にどのように対処するかを評価します。次に議論に終わる時は、一時停止し、妥協し、それを手放します。

態度調整は、あなたの感情をチェックし、”私はあなたより優れていない”、”私はあなたを制御しようとしていない”と”私はあなたを変えようとしていません”と言います。”私はあなたがどのように愛している”と言います。迷惑な動作があまりに起きすぎるために問題が発生した場合は、より良い選択をするために必要なすべての情報を冷静に伝えることによって、それを変更し、そのままにしておきます。

私のパートナーは、”あなたが最初にあなたの選択をする、そして私は私のものを作る”という言葉を持っています。私は私のものを作るが、私はまた、私のパートナーのに照らして私の選択を再評価します。現実は、私のパートナーが私がやっていることに不快感を感じるならば、彼らはその気持ちに対する権利を持っています。それを称える優れたパートナーとしての私の仕事です。だから、私は自分の選択を再評価し、それが私にとってそれほど重要であるかどうかを自分自身に尋ねます。ほとんどの場合、答えはノーなので、私は合格します。あなたがよくあなたの戦いを選ぶとき、あなたは勝つでしょう。

2番目の推測

考えて、言わないで

もしも
君
しないで
ください
何かあります
もの
いいですね
それならしない
でください
言って
現実
それはあなたですか
相棒
あなたの好き
意見
しかし糸
軽く
あなた
として
与える
それ

二度目の推測をやめる

**私が私の人生で正しいことをしたなら、
それはあなたを選んでいた。**

パートナーの日々の意思決定と選択を推測しますか?これらのヒントは、防衛にパートナーシップを置くことができる信頼と制御の問題の欠如を示唆しています。パートナーが特定の状況をどのように処理するか疑問に思いますか?あなたは異なる意見を言うが、あなたのパートナーはとにかく自分のやり方でそれを行うのを見ますか?

パートナーの決定を第二に推測することにどれだけの信頼が果たすかを過小評価しないでください。パートナーとあなたの関係に自信を持つことは、あなたの関係の他のものを成長させることができます。それがなければ、パートナーへの信頼を失い、必要に応じて感情的なサポートを提供しないのは完全に自然です。

パートナーと確固たる意思決定を行う場合は、お互いを締め出さないようにすることが重要です。あなたが好む結果以外に、テーブル上にどのようなオプションがありますか?パートナーはどのような結果を達成したいと考えていますか?パートナーを第二に推測し始める前に、すべて対処する必要があります。

自分の気持ちを語らなかったり、意思決定に関与しなかったりすると、パートナーが意思決定を行ったり、重要な決定を下したりすることに対する憤りにつながる可能性があります。

第二の推測は、妥協の欠如に関するすべてです。これが起こった場合、それを所有し、”あなたは正しい、私は間違っている”と言うのは良いことです。

あなたとあなたのパートナーへの質問

私たちは頻繁に互いに第二の推測をしますか?

私たちが2番目に推測するとき、それは私たちの関係を助けますか?

決定が行われる前に十分に話していないので、私たちはお互いを第二に推測していますか?

私たちが責任を負わないことについて質問すると、お互いのビジネスに鼻を突っ込んでいるような気がしますか?

私たちはそれぞれが相手の仕事や趣味について意見を述べる権利があると思いますか?

私たちはそれぞれがお互いの家族についての意見をする権利があると思いますか?

私たちが第二に推測しているときに、私たちの一方または両方が他方をシャットダウンしますか?

一方または両方は、他の第二の推測決定時に傷ついたと感じますか?

私たちのどちらかが他方を第二に推測するには行き過ぎるのですか?

2番目の推測を停止するためのツール：考えて、言わないでください

欠点(私たちは皆それらを持っている)を含め、誰かをよく知っているとき、第二の推測は第二の性質になります。それは私たちが認めたい以上に起こります。それはあなたのパートナーに内部情報を持っているようなものです、そしてそれは時には不公平になるかもしれません。あなたが言うか、あなた自身の家の裁判所であなたに対して使用されます。

私たちは常に修正し、変更を加えることができるので、間違った決定はないと言ってはいけません。パートナーがパートナーシップの健全性に最適な決定を下さないときは、良いようにしてください。パートナーを第二に推測するのをやめ、より整列に向けて取り組む。

ギブアンドテイク戦略を採用し、パートナーが批判することなく意思決定を行えるようにします。これが起こり得る唯一の方法は、コミュニケーションと妥協です。あなたが反対しても、あなたのパートナーにそれを自分のやり方でやらせてください。あなたがそれを言うなと思うなら、あなたは結果に驚くかもしれません。それが最善のために働かなかった場合は、将来の状況に対する提案を行い、次に進みます。

アクションアイテム
伝える
あなたのパートナーが次の主要な決定をしましょう。質問や判断をせずに、彼らにそれを作らせてください。

パートナーが意思決定を行う理由を知っていれば、人生は楽になります。あなたがする必要があるのは尋ねることだけです。それを話すことは、批判なしにあなたのパートナーに同意したり、反対したりするための鍵です。現実には、パートナーシップとして、あなたは議論や私の行動に疑問を持つあえて似たものに頼ることなく、お互いを理解し、サポートすることができるはずです。これらの誤解は、ミスコミュニケーションから生じます。あなたが知っていると思うこととパートナーが何を考えているかについての結論に飛びつくと、あなたは悲惨に終わる。あなたは心の読者ではありません。

質問をする!

変化は徐々に起こることを覚えておくことが重要です。これらの話し合いを行い、一緒に意思決定を処理する方法について合意に達した後、あなたはギブアンドテイク戦略を持つことになります。始めるのに最適な場所です。お互いの部屋が台無しにし、あなたのパートナーが間違った決定をし続けるという考えを楽しませるのをやめてください。その中に力はありません。代わりに、パートナーに合意された状況を処理する必要があることを思い出させてください。

思考の一部は、あなたが間違っているかもしれないことを覚えておくことを言わない。パートナーが自分を信用しないことから来るかもしれないと第二に推測することを考えてください。私はパートナーが特定の決定に関する思考プロセスに進んでいないと思っていましたが、私のアプローチは唯一の正しいアプローチでしたが、私が質問をし始めたとき、私のパートナーは私が前に考えていなかった方法で理にかなっていました。私はそれを処理する方法ではありませんでしたが、私はちょうど一歩下がって、彼らの提案に行くことにしました。私は今、私のパートナーの決定を尊重することを習慣にしています。私はそれを手放し、彼らにそれを使って走らせる必要があります。

すべての答えを持っていると思うのも人間の本質です。しかし、時にはあなたのパートナーはより良い方法を持つことができます。あなたが彼らにそれを持たせるとします。自分の意見を押し付けてはいけない。ただ、彼らと一緒に行く。彼らが間違っている場合は、彼らを判断したり、前に間違いを犯したことがないかのように彼らの顔にそれをこすってはいけません。それを考える、それを言うなを実装する習慣を身に着ける。

私はそれをやり直さなければならなかったら、私はそれを別の方法で行うだろうか?”おっしゃる通り、私は間違っている” と言うだけで、恵みのようなものがあります。

嘘正直
私たちは皆台無しになります私たちはそれを所有せず、嘘をつきます
使いすぎて隠す
あなたは古い人と一緒に昼食をとりましたガールフレンドですが、あなたの相手には言いませんでした

白い嘘を警戒する

マスカラではなく、パートナーの口紅を
台無しにする人になってください。

白い嘘は、あなたの隠れ家を保護するために使用すると危険になります。小さな嘘が手に負えなくなるなんて想像しにくいけど、そうできる。小さな白い嘘の問題は、彼らが逃した他の嘘について考えてあなたのパートナーを開始するかもしれないということです。

嘘をつき過ごしがちな結果は、パートナーの信頼が侵害されることです。彼らが過去に嘘をついていないわけではない。それは彼らがあなたに嘘をつかれたということです。あなたは彼らが頼りにすることができるはずの彼らの人生の中で唯一の人であると考えられています。彼らは今、裏切られ、怒りを感じています。彼らの目が大きく開いている今、彼らが他に何を逃したかを見るために過去を再訪するのは人間だけです。疑惑のこのウェブでは、彼らは愚かな、さらには屈辱を感じずにはいられません。

あなたのパートナーシップが今、どこでも裏切りの問題を踏みつぶしていることを理解してください。嘘と信頼は容易に共存できない。嘘をつくことは、最終的に自信を打ち砕くでしょう。

あなたのパートナーが初めて白い嘘を発見した時、信頼が築き直されるまで、あなたが言ったり行ったりすることに疑問を持つことを理解するのは難しいことではありません。いつ家に帰るの?どこに行きましたか。誰と一緒だったの?何をしましたか。あなたがいないときにあなたのテキストメッセージや電子メールを見てあなたのパートナーをキャッチするかもしれません。あなたは嘘をついて捕まったので、あなたのプライバシーを失ったことを理解する必要があります。君には君以外に責める人はいない。

嘘をつければ嘘をつければ、あなたのパートナーは自分自身を守ります。あなたが通り抜ける方法がなくなるまで、彼らはその壁に別のレンガを追加します。

白い嘘は、パートナー間の壁を構築することができます。これが起こったら、それを所有して”おっしゃる通り、私は間違っている”と言っても大丈夫です。

あなたとあなたのパートナーのための質問

意見の相違や対立を避けるためにお互いに嘘をつくことはありますか?

お互いの気持ちを傷つけないように、私たちは白い嘘をついたことがありますか?それはいつ大丈夫ですか?

私たちは心の中で他方の最善の利益を持っていると思うので、私たちまたは両方が嘘をつくことがありますか?

私たちはお互いを守るために嘘をつくことがありますか?それはいつ大丈夫ですか?

私たちがやったことを恥じているので、私たち一方または両方が嘘をつくことがありますか?

自分の行動を説明したり正当化したりしたくないので、私たちの一人が嘘をつくことがありますか?

それは真実を話すよりも簡単だから、私たちは嘘をつくことがありますか?

私たち一方または両方がコントロールを維持するために嘘をつくことがありますか?

私たちはお互いを失望させないように嘘をつくことがありますか?

私たちの白い嘘は、より深刻な嘘に雪だるま式になりますか?

他の人々は、私たちがいないときに私たちの一方または両方が嘘をついていると思いますか?

真実を話したいときでも、私たち一方または両方が嘘をつきますか?

白い嘘を警戒するためのツール:正直

おや！ その無害な小さな白い嘘。フィビングはちょうど私たちのDNAの中にあります。あなたは私たちが望んでいたものを得るために子供の頃に習得した小さな子供たちを知っていて、決して否定されることはありません。

宿題が終わったら遊びに行けるとお母さんが言ったら、「宿題は終わったよ」そうではありませんでした。その後、私たちは年を取り、あなたがギャンブルを終わったとパートナーに言ったにもかかわらず、ゲームに賭けるために残った現金を節約しました。「私はタバコをやめました–これは私の最後のタバコです!」と言って、あなたがストレスの多い一日を過ごすまで、あなたの約束と一緒にあなたの意志の力を窓から取り出します。それはあなたがいくつかの正直を蹴る必要があるときです。

正直は2つのことを言うスキルです:あなたがやると言うことを行い、あなたがする準備ができていないことにコミットしないでください。それはあなたが持っているかもしれないすべての個人的な考えを明らかにしなければならないとは言いません。自分の信念について非公開にすることはできますが、パートナーシップに影響を与える行動はできません。

アクションアイテム
質問をする
あなたはそれを所有することはできますか?次にがらくたに対処したくないときは、白い嘘に正直に言って、誠実さを生きさせてください。

あなたは一線を越えたときに見分ける方法を知っていますか?それはあなたの嘘を正当化し、それらを非公開にするために極端に行くことに気するときです。あなたがそれをやっているとき、あなたはそれが間違っていると感じることさえできます。

定期的に仕事に遅れて現れると、何が起こるか推測しますか?彼らはあなたを当てにできないので、あなたを燃やします。あなたが特定の時間にそこにいるとパートナーに言ったので、あなたがリーマリしたときと同じ取引です、そして、あなたは遅れています。なぜでしょうか。なぜなら、彼らはあなたを信頼することも頼りにすることもできないからです。あなたは前にそれを聞いたことがあります。あなたのパートナーは、彼らがあなたを信用できないと言いました.

外交は白い嘘ではない。外交でパートナーの幸福を守るために個人的な質問に答えても大丈夫です。あなたのパートナーがスピーチイベントのためにステージを歩く直前にどのように見えるか尋ねるとしましょう。何があっても、他のことを言うとパートナーのパフォーマンスを妨害するかもしれないので、"あなたは素晴らしいですね"と言います。あなたは後で彼らの服を調整する方法を伝えることができますが、白い嘘は彼らの幸福にとって重要でした。だから、裁量で正直を使用してください。彼らはあなたが彼らを守っているとき、そしてあなたが心の中で彼らの最善の利益を持っていることを知っています。あなたは親切な方法で正直になることができます。

あなたが嘘をつくと、あなたのストレスレベルはまっすぐ上がります。嘘をつくとき、あなたは自分が好きではありません。　不正直は自分を妨げる。

あなたは正しい、私は間違っている
あなたは謝罪していません あなたが間違っていたので お詫び申し上げますあなたは同じページにいませんでした
なぜ私は間違っていませんでした 謝罪する必要があります

究極の解決策:あなたは正しい、私は間違っている

パートナーを取り戻すのに苦労している状況では、いつでも究極の解決策を引き出すことができます:あなたは正しいです、私は間違っています。それはあなたが彼らと同じページにいなかったこと、そしてあなたがそれをより良くしようと喜んでいることをあなたのパートナーに知らせるために設計されています。現実には、関係を機能させるには2つ必要であり、あなたのパートナーはそれを得ます。しかし、平和の提供で来ることは決して痛くありません、そして、「あなたは正しい、私は間違っている」と言うことは、その提供です。

間違いを犯した場合は、責任を取り、責任を変えることなく間違いを所有してください。あなたの間違いを隠そうとしたり、彼らが起こらなかったふりをしないでください。過去は変えることができませんが、将来の過ちは避けることができます。それはあなたの過ちから学ぶことの問題です。それを所有し、「あなたは正しい、私は間違っている」と言う。

間違いは、最初はあなたのパートナーシップを傷つけることはありません。彼らは、あなたの過ちを認めないか、防御的になり、それらを正当化するときに問題になります。これらの行動は敵意と信頼の欠如を生み出します。パートナーシップを再構築する準備ができている場合は、「あなたは正しい、私は間違っている」と言って、癒しのプロセスを開始しましょう。

アクションアイテム

あなたは正しい、私は間違っている

この関係をある場所に置く悪い決定を振り返ります。それを所有し、あなたのパートナーを見て、”あなたが正しいと言う、私は同じページにいないために間違っている。しかし、それは今変わります。”

このスキルを所有し、失敗した関係の流れを変える力があることを理解してください。あなたは幸せなパートナーシップに住む選択をすることができます。あなたは本当に怒っていて、あなたと話していないパートナーと一緒に家に住みたいですか?あなたは怒って日々を過ごし、風の中を横切って他の人が存在しないような振る舞いをしたいですか?あなたは知っているし、私はこれが吸うことを知っている。

だから、ここで大きな人になり、それを言う:"あなたは正しい、私は間違っている"と同じページにいないことを謝罪。その後、あなたの過去の行動を再考し、あなたの新しい選択は、その言葉を生き生きとさせます。この本のスキルと洞察を使用して、あなたの関係をリセットします。逆に、あなたはあなたの人生、そしてあなたの人生の愛を取り戻すことです。まず、最後に、常に:愛の勝利。

ボーナス

決して相手に言ってはいけない言葉

” 気が狂ってるの?”
” あなたはそれを身に着けていますか?”
” 落ち着け!”
” 怒ってはいけません。冗談でしょ!”
”これを間違った方法で受け取ってはいけませんが”
” 乗り越えろ!”
” スペースをよこせ!”
” 急いで!”
” 嫌いだ!”
”私は気にしない”
” 私はあなたに言った.”
” 気に入らないなら出て行け!”
”後でやる”
”もう終わった”
” それは君の知ったことではない!”
” お前のせいだ!”
”疲れているようだね”
”ダイエットをする必要があります。”
”あなたは私が望むものを決して私にさせなかった”
”あなたは私の母を思い出させます。”
”助けを求めるべきだったのに”
”あなたは理解できないでしょう。”
”お前は迷惑だ”
”あなたは多くの質問をしています。”
” お前はばかげている!”
”あなたは私の言うことを聞いていない”
” あなたは間違っている”
”リラックス”
” 黙れ!”
” 泣くのはやめろ!”
” 小言を言うのはやめなさい!’
” 話すのをやめなさい!”
”それは私の仕事ではありません。”
” 一日中何をしたの?”
” 今何が悪いの?”
” どうしておかしいの?”

パートナーにもっと頻繁に言うべき言葉

" 愛してる"
" 君がいなくて寂しい"
" 私はあなたを必要とします"
" ごめんなさい"
" 私はあなたを信頼しています"
" 私はあなたと一緒にいるのが大好きです"
" 私はあなたが私の世話をする方法が大好きです"
" 私はあなたにキスするのが大好きです"
" 私は私たちの旅が大好きです"
" 私は一緒に作り出した人生が大好きです"
" 私はあなたが自分自身を運ぶ方法が大好きです"
" 私はあなたが単に美しいと思います"
" もう一度やり直す"
" 私は皿洗いをします"
" 私はあなたに夢中です"
" 私はあなたに満足しています"
" あなたが私の人生にいることをとてもうれしく思います"
" 私はあなたにとても恋をしています"
" 私はあなたを誇りに思います"
"私はこれを持っています"
"私はあなたを持っています"
"あなたは私にとってすべてです"
"あなたは私の中で最高のものを引き出します"
"あなたはこれを得た"
" あなたは素晴らしく見えます'
"あなたは人生を楽にします"
"あなたは私をより良い人になりたいと思わせる"
"あなたは素晴らしいです"
" あなたは素晴らしいです"
"あなたは私の親友です"
"あなたはとても美しいです"
" あなたは最高です"
"あなたは今まで私に起こった最高のものです"
"おっしゃる通りです"
" どう思いますか?"

より多くの準備はできましたか?

オンライン ブックで 16 の追加ツールを入手する

秤
ファミリー:パートナーファースト
健康:それを所有する
子供: OMG
ベント:10分

平等
紛争を避ける:競技場でさえも
失礼:なぜ
声を持つ:ただ聞く
利己主義:私たち

安全
財政:協調行動
嫉妬:それはちょうど間違っている
操作: 停止
サポート: 肯定

信託
誠実さ:真実を維持する
親密さ:情熱
関係ダイナミクス: 所有権の取得
技術:オープンブック

手荷物の問題の詳細を確認し、オンラインブックで16のツールを入手してください:

www.あなたは正しい私は間違っている.jp

手荷物は、私たち全員が運ぶ複雑な問題です。彼らは簡単な修正を持っていないものですが、無視することはできません。より多くの手荷物を取り外すほど、パートナーシップはより健康的になります。オンラインでは、あなたの関係の強さを脅かす手荷物を排除するのに役立つ16のツールです。

秤

依存症: ウィルパワー
うつ病:それは本当です
トラウマ:アイ・ゴット・ユー
必要とニーズ: これをチェックする

平等

共依存性: 不適切なプログラミング
コミットメント: ID
スコアを維持する:チームワーク
恨み:赦し

安全

虐待: スケルトン
許し:彼らのボタンを押さないでください
隠された財政:金融の不貞
自尊心:期待

信託

放棄:キッドグローブ
欺瞞:それは痛い
ダブルライフ: WTF
感情的に切断:再投資

私は間違っている、あなたは正しい

以下のQRコード
オンラインプラットフォームに移動します

オンライン プラットフォームにログオンすると、　　次の項目にアクセスできます:

追加ツールを含むブック
レッスン、ヒント、例
モチベーションカップルのアドバイス

www.あなたは正しい私は間違っている.jp
www.artandliving.com

私は間違っている、あなたは正しいそれは
あなたのパートナーと一致している毎日の選択をすることについてすべてです

この本は、あなたが素晴らしい人生と素晴らしいパートナーシップを持っているのを助けることです

著者について

あります
いつも
望み

ゴンザロ

www.ingramcontent.com/pod-product-compliance
Lightning Source LLC
Chambersburg PA
CBHW041625140626
46547CB00030B/933

* 9 7 8 9 6 9 2 7 9 2 2 2 6 *